.лa a

B.RCELONA

AUTORÍA LAS FOTOGRAFÍAS

Fotografías cedidas por The Travel Library:
Stuart Black 5, 8, 9, 19, 21, 23, 25, 28, 31, 32, 35, 36, 38, 39, 41, 43, 45, 47, 53, 54, 58, 61, 65, 68, 70, 75, 84, 85, 91, 95, 98, 105, 115, 117; Alan Copson 123, 126; Vaughn Emmerson 51; Philip Enticknap 83; Ron Keet, 62; Grant Pritchard cubierta, página del titulo, page de titre, 7, 17, 30, 33 (sup., inf.), 37, 44, 46, 48, 49, 50, 52, 55, 56, 57 (sup., inf.), 59, 60, 63, 64, 66, 67, 71, 74, 76, 101, 103, 107; Clare Roberts 29, 34.
Otras fotos:
The Bridgeman Art Library 12; Giraudon/The Bridgeman Art Library 11; Paul Murphy 26, 72-73, 78, 81, 82, 89, 96, 108, 111, 118; Museu D'Història de la Ciutat 27.
© ADAGP 1999 : cubierta 57, 62.

Cubierta: torres de La Sagrada Família;
contracubierta: fachada de la Casa Battló
página de título: azotea decorada del Palau Güell.

MANUFACTURE FRANÇAISE DES PNEUMATIQUES MICHELIN
Place des Carmes-Déchaux - 63000 Clermont-Ferrand (France)
© Michelin et Cie. Propriétaires-Éditeurs 1999
Dépôt légal janvier 1999 - ISBN 2-06-660501-8 - ISSN en cours

Impreso en España 12-98/1

NEUMÁTICOS MICHELIN S.A.
Doctor Zamenhof 22, 28027 Madrid
☎ 91 410 50 00
www.michelin-travel.com

SUMARIO

INTRODUCCIÓN

Siempre lo mismo... es una ciudad maravillosa,
pero le falta... o si tuviera... ¡sería perfecta!
Vamos a ofrecerle algo completamente diferente:
históricas calles adoquinadas, impregnadas
de una atmósfera medieval; clima y alegre modo
de vida como sólo se dan en el Mediterráneo;
maravillosas playas a las mismas puertas de la
ciudad; una animada vida nocturna; bares típicos
y mesones fieles a la tradición local, donde
disfrutar del buen comer y beber; museos
y galerías de renombre internacional; tiendas
de barrio; artistas que se dan cita en la calle; un
centro que se puede recorrer a pie en su mayor
parte, pero donde al mismo tiempo el transporte
es práctico y barato. ¿Que no se lo cree? Pues eso
no es todo, añada sobrecogedoras vistas desde las
colinas del entorno, diseño arquitectónico del
más imaginativo que se haya producido en los
últimos cien años, salpíquelo de una buena dosis
de fervor futbolístico... y tendrá Barcelona.

Hasta cierto punto, buena parte de Barcelona
ha sido diseñada a propósito; inicialmente para
las Exposiciones Internacionales de 1888 y 1929 y,
de forma más decisiva, para los Juegos Olímpicos
de 1992. La mayor diferencia entre ésta y muchas
otras ciudades que se han esforzado en vano por
reinventarse, no obstante, es que Barcelona ha
preservado con éxito lo mejor de su parte antigua
y ha rediseñado excelentemente las zonas
modernas. La ciudad es insólita no sólo por su
estilo y marcado carácter, sino también porque
trabaja de firme para convertir sus sueños en
realidad. ¿Cuánta gente (fuera de Cataluña)
confió plenamente en que la XXV Olimpíada
saliera no ya bien, sino que fuera una de las de
mayor éxito? ¿Y quién habría soñado, en 1980,
que para mediados de los noventa Barcelona se
habría convertido en una de las capitales de

Europa con más estilo y un lugar de veraneo de moda?

El trabajo no está terminado, ni mucho menos, aunque quizás la única amenaza seria para la ciudad es que el ritmo sea demasiado rápido, que se modernice en exceso, y se vuelva demasiado europea, o (¡el cielo no lo permita!) demasiado internacional. No obstante, puede que éste sea el mejor momento para visitar Barcelona.

Barcelona, una transformación que no cesa. Su símbolo: la Sagrada Família, una obra que no acaba.

SITUACIÓN GEOGRÁFICA

Barcelona está situada en el cuadrante nororiental de la costa española. Al Sur están las ciudades costeras de Tarragona y Valencia, al Norte están las zonas de veraneo de la Costa Brava y Francia. En términos de costa, Barcelona está a mitad de camino entre la Costa Daurada y la menos conocida Costa del Maresme.

Cataluña (o Catalunya, como se escribe en catalán), cuya capital es Barcelona, ocupa esta esquina Noreste de España, extendiéndose hacia el Oeste por los Pirineos pasado Andorra, y por el Sur hasta pasado el Delta del Ebro. Es una comunidad autónoma.

Tras las Olimpiadas, la ciudad ha vuelto su mirada al mar.

La manera más fácil de comprender el trazado de Barcelona y de ubicarse es montar en el teleférico desde Montjuïc a la Barceloneta. Al Sureste se alza la colina del Montjuïc (173 m), al Noroeste está el punto más alto de la ciudad, el Tibidabo (542 m). El resto de la ciudad y su zona interior, hasta donde la vista alcanza, es llano. Mirando de espaldas al mar, la arteria principal de la ciudad son las Ramblas, que desembocan en el famoso Monument a Colom. A su derecha está la Ciutat Vella (Ciudad Vieja); encima y más allá está el Eixample (Ensanche), del siglo XIX. Subiendo con la costa a la derecha (rumbo Norte) están las playas y el Port Olímpic, señalado por dos enormes bloques.

*La belleza
de las barcelonesas
ya viene
de antiguo.*

HISTORIA

Antes y después de los romanos

Según la mitología, fue Hércules quien fundó
Barcelona y los **cartagineses** quienes la llamaron
Barcino, en honor a su gran general Amílcar
Barca, que dominó esta zona de España hacia
el 237 a. C. Su legendario hijo, Aníbal, la perdería
frente a los **romanos,** unos 20 años más tarde,
en la Segunda Guerra Púnica, a raíz de lo cual
éstos entraron en Cataluña. La colonización
romana de la península Ibérica duraría otros
dos siglos; Iberia se convirtió en el territorio más
importante del imperio después de la península
Itálica, su lugar de procedencia. A pesar de esto,
Barcino no fue el centro regional de poder.
Este honor fue a parar a Tarraco (la actual
Tarragona), que aún conserva muchos y
espléndidos monumentos de la época.
En comparación, son pocos los restos romanos
de Barcelona: las murallas, junto a la catedral,
los descubrimientos subterráneos bajo el Museu
d'Història de la Ciutat y un puñado de restos más
son los únicos recordatorios tangibles del primer
florecimiento de una civilización.
Tras la desintegración del Imperio, los **visigodos**
hicieron de Barcelona su primera capital en
España, pero sólo durante un breve período.
Los conquistadores árabes les expulsaron de
la ciudad hacia el año 720, pero Barcelona fue
reclamada en el 801 por los **francos,** cristianos,
capitaneados por Luis, hijo de Carlomagno.
Los árabes se retiraron al Sur, dejando en la ciudad
un legado aún menor que el de los romanos, pero
el resultado de la victoria de los francos conduciría
a la creación de una nueva y poderosa Barcelona.

La Ciudad Condal

Para protegerse de las incursiones árabes, los
francos crearon un área de defensa que cubría

el Norte de la actual Cataluña, es la llamada *Marca* (o frontera) *Hispánica*. Ésta se dividió y fue entregada a un número de **condes,** quienes estaban encargados de su defensa. En el año 878 el Conde Guifré el Pelós (Wifredo el Velloso) logró unir la zona, hizo de Barcelona su capital y fundó de este modo la *Ciutat de Condes* (**Ciudad Condal**), título que todavía hoy se utiliza. Con el declive del imperio franco, la *Marca Hispanica* fue quedando cada vez más aislada y en el año 985 los condes de Barcelona declararon la independencia de la región.

En el año 1000 Barcelona era una ciudad de unos 6.000 habitantes y, aunque en 1070 seguía regida por un sistema feudal, fue cuna de los *Usatges,* el primer código legal de Europa que otorgaba a los plebeyos los mismos derechos que a los nobles (adelantándose 160 años a la Carta Magna). Cataluña también se expandía: mediante tratados comerciales, por la fuerza de las armas —expulsando a los árabes más hacia el Sur—, y a través del matrimonio de Ramón Berenguer IV con la Princesa de Aragón, fruto del cual nació la **Corona de Aragón,** regida por los reyes-condes catalanes. Otro fruto de esta unión fue su hijo, **Alfons II,** quien eligió Barcelona como capital y fue el primer conde de Barcelona y rey de Aragón. Pero sin duda, la figura que más sobresale es **Jaume I** (1213-1276), Jaime I, al que se daría el apelativo de «el Conquistador». Entre 1229 y 1235 expulsó a los árabes de las Islas Baleares y en 1238 extendió el imperio de Cataluña-Aragón hacia el Sur, Valencia.

En 1282, el hijo de Jaume, Pere II (el Grande), añadió Sicilia a su imperio mediante una maniobra política, y la isla se convirtió en una nueva base para la expansión comercial y militar. Las fuerzas mercenarias catalanas (*almogávares*) llegaron a ser temidas en todo el Mediterráneo, y

La reina del Mediterráneo fue Barcelona, y Jaume I su rey.

en 1324 Córcega y Cerdeña estaban también bajo
el estandarte de rayas rojas y amarillas *(senyera).*
Esta fue la época dorada de Barcelona, el
prestigio y riqueza de la ciudad iban en aumento,
como refleja la audaz arquitectura gótico-catalana
de Santa María del Mar y la catedral, los enormes
astilleros, *drassanes,* y otros hermosos edificios
como el Saló de Tinell.

Declive y caída

No obstante, las cosas no iban bien: el malestar
civil y social era constante; el mantenimiento
de las colonias mediterráneas resultaba muy caro
(en particular la beligerante isla de Cerdeña);
y en la década de 1340 la peste devastó la región.

En 1410, Martín I (el Humano) murió sin
herederos y puso fin a una línea de condes de
Barcelona que no se había visto interrumpida en
500 años. Un príncipe castellano subió al trono:
cuando su nieto Joan II llegó al trono las
influencias castellanas se habían infiltrado
inexorablemente en el núcleo del poder catalán.
Génova y Venecia eran los nuevos señores del
Mediterráneo.

El hijo de Joan fue el **príncipe Fernando** quien,
en 1493, se casó con **Isabel de Castilla.** La unión
de Cataluña-Aragón a Castilla fue catastrófica para
Cataluña. Mientras sus poderes iban menguando,
el crecimiento de Castilla, mayor y más rica, era
imparable. Incluso la recepción triunfal de **Colón**
por parte de Isabel y Fernando en Barcelona, en
1493, resultó desastrosa para la ciudad. A partir
de aquí el Mediterráneo perdió gran parte de
su importancia y sólo a los puertos del Sur de
España se les permitió recoger los beneficios
del Nuevo Mundo. Al año siguiente, la temida
Inquisición empobreció aún más la ciudad con
la expulsión de los judíos, y los poderes
administrativos pasaron formalmente a manos
de Castilla.

Barcelona vio el recibimiento que los Reyes Católicos dispensaron a Colón.

Mientras Castilla disfrutaba de la edad de oro española (literalmente gracias a los tesoros de los conquistadores, que fluían desde el Nuevo Mundo), Barcelona y Cataluña continuaron su

Felipe V, mandó construir la Ciutadella, prohibió el uso del catalán y abolió las instituciones de gobierno autónomo.

declive. Gradualmente, la riqueza del país se malgastó en una serie de **guerras** con Francia, Inglaterra y otras potencias europeas, y la necesidad de gravar a Cataluña se hizo primordial. Cuando España y Francia entraron en guerra de nuevo, en 1635, Cataluña se rebeló contra los impuestos castellanos y se declaró bajo protección francesa, en lo que se dio en llamar **Guerra dels Segadors.** Pero apostó por los perdedores, y en 1652 Barcelona tuvo que rendirse a las fuerzas españolas.

Menos de 50 años después, a raíz de la crisis en
la sucesión de los Habsburgo con **Carlos II,**
Cataluña se vio otra vez sumergida en una guerra
civil. Volvió a equivocarse de bando y esta vez las
represalias fueron severas. Barcelona estuvo
sitiada durante más de un año, y cuando capituló
—en 1714— se construyó un fuerte, La
Ciutadella, para intimidar y vigilar a la población.
Se prohibió el idioma catalán, se cerraron las
universidades y fueron abolidas las instituciones
de gobierno de la Generalitat y sus consejos.

Recuperación y expansión

Durante gran parte del siglo XVIII Cataluña
desapareció de hecho como entidad política,
subsumida dentro de España, aunque su
economía —y el puerto de Barcelona en
particular— fuera mejorando constantemente.
En 1778 se le permitió (por primera vez)
el comercio con las Américas y comenzó la
industrialización, basada en la importación de
algodón americano. Durante la **Guerra de la
Independencia** (1808-1814) Cataluña estuvo más
acertada en sus alianzas. Napoleón prometió
restaurar la autonomía a la región si recibía
su apoyo. Aunque Montserrat fue saqueada,
Barcelona escapó del pillaje. Napoleón sería
vencido posteriormente con ayuda de los
británicos.

Durante la primera mitad del siglo XIX,
Cataluña estuvo en la vanguardia de la **revolución
industrial** española. En 1832 Barcelona vio la
primera fábrica del país que utilizaba maquinaria
de vapor, y en 1848 el primer ferrocarril. El aceite
de oliva, el vino y los productos textiles se
convirtieron en las principales industrias que
abastecían a España y a ultramar. Hubo también
un resurgir de la **cultura catalana** y el idioma
revivió. Sin embargo, la vida era dura, a menudo
brutal para la clase trabajadora; a mediados del

siglo XIX Barcelona era caldo de cultivo de un enorme malestar social y fue escenario de muchas represiones sangrientas.

Un acontecimiento clave en el desarrollo físico de la ciudad ocurrió en 1854, cuando por fin se le permitió liberarse de las murallas del siglo XIV. La nueva ciudad, dispuesta en una planta con forma de parrilla extendiéndose hacia el Norte, se conoció sencillamente como el **Eixample** (Ensanche) y hacia finales de siglo muchos de sus edificios fueron bellamente adornados y diseñados por el movimiento denominado **modernismo.** Esta fue una época de crecimiento, confianza y prosperidad que vio la transformación de la ciudad en su apariencia actual. Para celebrarlo, Barcelona organizó la **Exposición Universal** de 1899, aprovechando la oportunidad para demoler la malquista Ciutadella y crear en su lugar un hermoso parque.

Guerras y represión

Mientras tanto, el país en su conjunto daba tumbos de una crisis (la Primera Guerra Carlista de 1833-1839) a otra crisis (la Segunda Guerra Carlista de 1875) y a otra crisis (la Guerra de Cuba de 1898). El descontento catalán a nivel nacional tocó fondo en 1909, con el llamamiento a filas para luchar contra Marruecos, y los disturbios que le siguieron en lo que se dio en llamar la *Setmana Tràgica* (Semana Trágica), que se saldó con más de 100 muertos. Irónicamente, la mayor convulsión de Europa, la **Primera Guerra Mundial,** fue un impulso para la economía catalana, que abasteció el esfuerzo bélico francés, al tiempo que Barcelona se convirtió en un santuario para intelectuales refugiados, lo que realzó su creciente reputación en el terreno de lo cultural. Pero el **descontento social** aumentaba: confrontaciones violentas entre sindicatos y patronal se cobraron un número

aproximado de 800 víctimas entre 1918 y 1923.
En un intento por estabilizar la deteriorada
situación nacional e internacional —España
estaba ahora enemistada con Marruecos— **Primo
de Rivera,** capitán general de Cataluña y
Barcelona, dio un **golpe de estado** en 1923 y
estableció una dictadura militar, aunque la
monarquía se mantuvo.

En 1929 Barcelona volvió a ser escaparate
internacional, como sede de la **Exposición
Internacional,** lo que propició un aluvión de
proyectos de ingeniería civil, incluido el
ferrocarril metropolitano. Al año siguiente Primo
de Rivera dimitió, la monarquía abdicó y
Cataluña declaró su independencia de Madrid.
Desgraciadamente la situación política era más
volátil que nunca y en 1936, con el país al borde
de la anarquía, el **General Franco** dio un golpe de
estado que desembocó en la **Guerra Civil
Española.** Los militares de Barcelona apoyaron
inicialmente a Franco, pero fueron reprimidos
por un movimiento popular de la guardia civil y
la ciudad continuó como baluarte republicano
hasta 1939, cuando fue bombardeada (lo que
causó la pérdida de 2.000 edificios), y se rindió
ante los nacionales.

La España de posguerra, con más de medio
millón de muertos, estaba hecha jirones.
La cultura catalana sufrió de nuevo la represión
y su economía languideció. A pesar de esto,
persistió una fuerte base nacionalista que se hizo
patente en varias protestas y gestos
antigubernamentales pacíficos.

Renacimiento y fama mundial

Tras la muerte de Franco en 1975 y
la restauración de la monarquía, la **democracia**
retornó lentamente a España. En 1978 Barcelona
vio el restablecimiento de la Generalitat como
cabeza de una Cataluña autónoma.

PRESENTACIÓN

España entró en el Comunidad Europea en 1986 y empezó a asombrar a sus ricos vecinos del Norte de Europa con su meteórica **tasa de crecimiento económico,** liderada en gran parte por Barcelona. La sorpresa aumentó más adelante ese mismo año cuando se adjudicó a la ciudad la organización de los **Juegos Olímpicos de 1992;** el escepticismo, dentro y fuera de casa, reinó a lo largo de los seis años que duró la preparación. Al final de las XXV Olimpíadas, no obstante, hubo concierto cuasi unánime de que ésta había sido una de las olimpiadas más impactantes y mejor organizadas de todos los tiempos. Barcelona, cada día en las pantallas de televisor de millones de hogares de todo el mundo, se instalaba definitivamente en el mapamundi y en la mente de todos sus habitantes. Como en 1929, los Juegos sirvieron para impulsar muchos proyectos importantes de ingeniería civil, que incluían nuevas carreteras de circunvalación, importantes obras de renovación y limpieza, y lo más evidente (para el visitante que conocía Barcelona con anterioridad), la apertura de la ciudad al mar. El turismo en la zona recreacional del Port Olímpic y las playas nuevas aportan grandes beneficios desde 1992, recientemente incrementados por la urbanización del Port Vell (Puerto Viejo).

Barcelona se aproxima al milenio con un grado de optimismo desconocido desde hace siglos. La cultura catalana nunca ha pisado tan fuerte, la infraestructura de la ciudad nunca ha disfrutado de tan buena forma y la economía va viento en popa gracias al número récord de turistas. De nuevo pasa a engrosar la lista de grandes ciudades del mundo.

SU GENTE Y SU CULTURA

A veces se describe a los barceloneses como
adictos al trabajo, sosos y cerrados. Por otra
parte, el hecho de que sea un pueblo
comerciante no hace más que agravar las cosas.
Tan sólo unos días en Barcelona le harán darse
cuenta de la falsedad de ese prejuicio. Es cierto
que demostraron su capacidad de trabajar duro
para lograr sus objetivos durante la preparación
de los Juegos Olímpicos, y su tesón en la defensa
de la lengua también es prueba de un carácter
tenaz. ¡Pero está claro que también saben
divertirse! Observe los famosos bares de diseño,
llenos hasta bien entrada la madrugada, asista a
cualquiera de los más de cien festivales anuales,
o simplemente perciba la vitalidad y gozo que se
respira prácticamente en cada una de las plazas
de la Rambla y en el casco antiguo.

*Clima y modo
de vida como sólo
se dan en el
Mediterráneo.*

En cuanto a la frialdad, la acogida que recibe el visitante —en tiendas, bares, restaurantes o en cualquier sitio— es a la vez educada y cordial. Eso es bueno para los negocios, y los catalanes, como buenos comerciantes que son, saben lograr con sigilo lo que no se puede lograr por la fuerza.

La atracción que la ciudad ejerce sobre artistas e intelectuales cuenta ya con gran tradición. Fue refugio de exiliados de la Primera Guerra Mundial y durante la Guerra Civil fue lugar de encuentro de antifascistas románticos de toda condición. Gaudí y sus contemporáneos crearon algunas de las manifestaciones de arte decorativo más deslumbrantes del mundo occidental; Picasso se formó aquí, mientras que Miró ha alcanzado notoriedad un poco por la puerta trasera, convirtiendo sus obras en símbolos comerciales. Últimamente se ha dado el fenómeno de los «bares de diseño», aunque éste es sólo una manifestación de ese romance que, durante estas dos últimas décadas, han mantenido ciudad y diseñador. Desde el principio le sorprenderá el cuidadoso estilo, ya en los folletos de la oficina de turismo, ya en el aeropuerto de Barcelona; una toma de conciencia de la ciudad y de todo cuanto se relaciona con ella. De hecho, en los años noventa, hablar de Barcelona es hablar de diseño, es como pronunciar las mágicas palabras «es de Italia».

A pesar de su individualismo exacerbado, como corresponde a un pueblo de talento artístico, es poco frecuente encontrarse en la Europa de nuestros días unas gentes entre las que el sentido de comunidad siga tan arraigado. La *sardana* no es sólo un baile, el Fútbol Club Barcelona es más que un club (¡ni se le ocurra asegurar lo contrario en el Camp Nou!); son más bien símbolos de una gran familia, de lealtad, amistad y fuerza colectiva.

La sardana

La sardana nació, en la forma en que la conoce-
mos actualmente, en torno al año 1850,
en parte gracias a los esfuerzos de Pep Ventura,
músico de Figueras al que el metro de Barcelona
honra bautizando con su nombre una de las estaciones de metro. Fue él quien formuló los pasos
de esta danza y la formación de la *cobla,*
la tradicional banda de música encargada de inter-
pretarla. La *cobla* consta de doce instrumentos, y
los intérpretes generalmente son un grupo de

*La sárdana: símbolo
de identidad de un
pueblo.*

caballeros de cierta edad; parece que hubieran sido coetáneos del mismísimo Pep Ventura. Los orígenes de la sardana, sin embargo, se remontan a siglos atrás, quizá incluso a la antigua Grecia, y el nombre deriva de *ballo sardo* (baile sardo), pues cerdeña perteneció durante mucho tiempo al reino de Aragón.

Los participantes, en círculo, se cogen de las manos y las sostienen en alto, para bailar lenta y acompasadamente, dibujando unos pasos muy precisos. Como un observador apuntó con cierto ingenio, podría decirse que se trata de un baile popular inventado por un experto matemático.

Hoy en día, la sardana forma parte del modo de vida catalán. Se baila en cada pueblo, generalmente los domingos por la mañana en la plaza principal (en Barcelona, delante de la catedral). Aunque nadie lo diría a primera vista, hay muchas clases diferentes de sardana; incluso hay competiciones sardaneras. Ante todo es, junto con el idioma catalán y la *senyera,* uno de los símbolos más importantes de este pueblo.

El idioma catalán

El catalán es un idioma románico, evolución del latín hablado en la zona Noreste de la península. Los primeros textos que se conservan son el breve fragmento de una traducción del *Forum iudicum* (siglo XII) y un conjunto de sermones recogidos bajo el título *Homilies d'Organyà* (siglo XIII). La poesía popular primitiva, que no ha llegado hasta nuestros días, tendría gran importancia literaria, cuenta de ello dan autores como Ramon Llull. Este teólogo y poeta fue su primera gran figura. Las letras catalanas alcanzarían su punto culminante a finales del siglo XV, coincidiendo con el final de la edad de oro de Cataluña. La infiltración de Castilla en el poder trajo consigo el idioma castellano. El catalán pasó a ocupar un papel secundario y así seguiría hasta la década de 1830, con la llegada de la *renaixença* (renacimiento de la cultura catalana). Durante la dictadura franquista el catalán se prohibió, y su uso estaba considerado como acto antigubernamental; hablarlo podía costarle a uno muy caro.

En la actualidad, el catalán es de los idiomas de mayor crecimiento del mundo; cuenta con unos seis millones de habitantes y sus publicaciones son cada vez más numerosas. Barcelona es oficialmente bilingüe (castellano y catalán), y alrededor del 60% de la población habla catalán. Aunque todo el mundo hable su idioma, recuerde que una palabra o dos en catalán le procurarán más de una sonrisa de agradecimiento.

Los catalanes siempre han luchado por preservar su tradición cultural.

Crónica: Modernismo y Antonio Gaudí

El modernismo catalán es la expresión local del movimiento artístico denominado *art nouveau*. El modernismo adopta los contornos sinuosos y abultados del *art nouveau*, así como sus estilizadas formas naturales, para —de paso— revitalizar las artesanías tradicionales, entre ellas el trabajo del metal, la madera, la cerámica, la piedra tallada y las vidrieras, aplicándolas de forma nueva y sorprendente, sobre todo en el campo del arte decorativo.

Todos coinciden en que el diseñador modernista clásico es **Lluís Doménech i Montaner** (1852-1926), cuyo **Palau de la Música Catalana,** seguramente sea el edificio más emblemático de su época. No obstante, el diseñador más innovativo, y sin duda el más conocido, fue **Antonio Gaudí** (1852-1926). **La Sagrada Familia, Casa Milà** (La Pedrera), **Palau Güell** y **Parc Güell** son la mejor muestra de su fecunda e ilimitada imaginación, que integra en el movimiento exuberantes influencias árabes, moriscas, góticas y naturales, todo ello ejecutado de modo onírico y cuyo resultado son obras de asombrosa individualidad. El sello personal de Gaudí fue el uso ornamental de *trencadis,* fragmentos rotos de mosaico. Además fue un ingeniero excepcional, por lo que sus edificios son altamente funcionales.

Metalúrgico de profesión, Gaudí, que era profundamente religioso, empezó a trabajar en su adorada Sagrada Familia en 1883, pero se ganó su reputación con los trabajos realizados para el industrial Eusebi Güell, antes de volver a su obra maestra. Siempre algo solitario, y a decir de todos también bastante excéntrico, vivió literalmente como un recluso durante la última década de su vida.

Para saber más sobre Gaudí, visite el **Espai Gaudí** (Espacio Gaudí) en la Pedrera y el Museu de la Sagrada Família. Para ver más del *modernismo* barcelonés, hágase con el folleto *Ruta del Modernismo* (disponible en el Palau Güell, Casa Lleó i Morera y otros sitios) e infórmese acerca del billete de acceso múltiple que ofrece descuentos para éstos y otros monumentos modernistas abiertos al público.

¿Chimeneas o fetiches? Averígüelo en la azotea del Palau Güell.

VISITAS IMPRESCINDIBLES

Puede que un recién llegado a Barcelona necesite ayuda a la hora de elegir qué ver en la ciudad y sus alrededores. Aquí le indicamos una selección de lo que debe incluir en una primera visita.

Sagrada Família★★★
Una de las maravillas de la arquitectura religiosa de nuestro siglo, y símbolo extraoficial de la ciudad. Sean cuales sean sus gustos, se sentirá impresionado ante la obra maestra de Gaudí; una obra aún por acabar.

Fundació Joan Miró★★★
Miró es el artista emblemático de la Barcelona del siglo XX. Este excelente edificio constituye el marco adecuado para presentar una colección formidable.

Barri Gòtic★★ (Barrio Gótico)
Callejones y callejuelas donde magníficos palacios, fachadas y edificios góticos, entre ellos la catedral★★, se dan la mano con locales donde comer y beber. Pasee por las callejas, en las que resuena el tañido de las guitarras, y respire la más auténtica atmósfera barcelonesa.

Palau Güell★★
Este palacio, que dio la fama a Gaudí, refleja su genio como ninguna otra de sus obras. Piérdase en la magia de sus líneas y sus muebles. Será un laberinto del que no quiera salir.

El Eixample★★ (Ensanche) y el modernismo
La mejor manera de conocer la zona es a pie. Pasee por el **Passeig de Gràcia★★**, la calle más «chic» de Barcelona, y prepárese para una delicada lluvia de arquitectura modernista.

La **Casa Milà**★★★ y la **Casa Batlló**★★★ hablan de la genialidad de su creador, Gaudí. Remate la visita dejándose caer por uno de los excelentes bares de diseño (¡y de tapas!).

Casa Milà: la curva al servicio de los balcones.

Parc de la Ciutadella★

El pulmón de Barcelona. El Parc de la Ciutadella es un magnífico remanso donde dejar atrás el tráfico y el gentío. Dése una vuelta, móntese en una barca con remos, admire las estatuas, visite un museo...

Palau Nacional y Museu Nacional d'Art de Catalunya★★★

Un espectacular y suntuoso edificio, colgado de las faldas del Montjuïc, aloja una de las mejores colecciones del mundo de arte religioso.
Los frescos románicos procedentes de diversas iglesias son fascinantes.

La Rambla★★

El espectáculo de la ciudad con mayúsculas.
La Rambla es el paseo barcelonés por excelencia.
Todos y cada uno de los elementos que definen
a la ciudad se dan cita sobre estas aceras. Si echa
de menos el aspecto grandioso, basta que se meta
por cualquiera de sus bocacalles y se encontrará
con la Barcelona monumental.

La Rambla:
una riada que va
a parar al mar.

Museu Picasso★

Sumergida en el corazón del casco antiguo, en la
calle Moncada, esta colección de unas 500 obras
del genio malagueño, realizadas en diferentes
periodos, se aloja en tres magníficos palacios
medievales. Vea la serie inspirada en las *Meninas*
de Velázquez.

Les Drassanes★★ (Atarazanas)
y el Museu Marítim★

Después de visitar esta impresionante colección,
podrá hacerse una idea de la potencia naval que

26

en su día fue Barcelona. El edificio es el astillero medieval de mejor calidad que haya llegado desde el Medioevo hasta nuestros días.
La impresionante galera de Don Juan de Austria quedará grabada en su memoria.

CIUTAT VELLA

Barri Gòtic (Barrio Gótico)

En torno a la catedral, el **Barri Gòtic**★★ es el corazón de la ciudad antigua, un laberinto de estrechos callejones, con mucho carácter, donde el sol apenas llega. El lugar lógico donde empezar a imbuirse de la historia de la ciudad es el **Museu d'Història de la Ciutat**★★ (al lado de la histórica **Plaça del Rei**★★), que en tiempos fue patio del Palacio Real, perteneciente a los condes de Barcelona; el billete de entrada también incluye el acceso a otros edificios de la Plaça del Rei que seguramente le gustará explorar. La visita del museo comienza con una exposición sobre la vida en la ciudad durante los períodos renacentista y barroco (1492-1714), un brusco cambio nos traslada a épocas más remotas; en un enorme y complejo subterráneo en el que se hallan restos **romanos** y de épocas posteriores. Otros edificios

Un botón de muestra del paso de los romanos por la ciudad.

El Mirador del Rei Martí, en pleno corazón de la ciudad, ofrece una bella panorámica sobre los tejados de la Ciutat Vella.

del palacio incluyen el **Saló del Tinell,** una espléndida sala abovedada, utilizada en su día por la Inquisición, y la **Capella de Santa Agueda★,** desornamentada, pero muy bella y singular, con un magnífico **retablo** del siglo XV. La capilla también tiene acceso al **Mirador del Rei Martí,** una serie de galerías ascendentes que ofrecen estupendas vistas del tejado y las agujas de la vecina catedral en primer plano. Según cuenta la tradición, fue en los peldaños exteriores de estos edificios que conducen a la Plaça del Rei donde los Reyes Católicos Isabel y Fernando

recibieron a Colón en 1493, a su regreso del
primer viaje al Nuevo Mundo.

La otra parte del complejo de este antiguo
palacio abierto al público es el patio y las escaleras
del **Palau del Lloctinent;** el *lloctinent* era el virrey
o representante del rey de Castilla. Es éste un
lugar precioso, junto a la Plaça del Rei, con un
techo artesonado en el que resuenan los tañidos
callejeros de alguna que otra guitarra clásica.

Enfrente se encuentra la **Catedral★** (o **La Seu**)
[MX], un edificio enorme, único, ennegrecido
por el tiempo, rodeado por tres lados, y cuya
hermosa parte frontal da a la Plaça Nova.
Está fechada en su mayor parte entre 1298 y 1430,

*La catedral:
rescoldo del apogeo
de la ciudad
condal.*

aunque la fachada no se completaría hasta 1913.
De sus muchos monumentos, los más interesantes
son los **sepulcros** de Ramón Berenguer I (uno de
los primeros condes de Barcelona —1018-1025—,
y fundador de la catedral) y su esposa, así como
la **cripta**★ de su patrona, Santa Eulàlia. La iglesia
está muy bien iluminada y merece la pena realizar
la pequeña donación necesaria para visitar
el **coro,** primorosamente tallado. Sin embargo,
lo más interesante para muchos visitantes es
el **claustro**★, uno de los lugares más serenos del
Barrio Gótico. Altas palmeras se elevan entre
elevados arcos, las flores proporcionan destellos
de color sobre el enladrillado moteado por el sol,
las fuentes murmuran pacíficamente y los gansos
blancos, cuya clásica presencia está unida a la
leyenda de Santa Eulàlia, introducen una inusual

*El interior de
la catedral
le elevará
el espíritu.*

nota pastoril. Cerca de aquí, el pequeño **Museu de la Catedral** merece una visita para ver el interior de la Sala Capitular del siglo XVII y su obra maestra, *La Pietat*, de Bartolomé Bermejo, fechada en 1490.

Junto a él, con una entrada por la Plaça Sant Iu, hay otra excelente colección: el **Museu Frederic Marès★ [MX]**. Escultor de talento e inveterado coleccionista, Marès ha amasado aquí una enorme **colección★** de crucifijos y calvarios en madera policromada de los siglos XII-XIV y algunos sepulcros y pórticos de iglesia. En la planta superior (por desgracia no siempre abierta) está la parte dedicada a la colección del **Museu Sentimental,** un curiosísimo cajón de sastre de objetos cotidianos de la vida barcelonesa que abarca del siglo XV al XX. El **Café Estiu**, en el patio medieval, es otra delicia (abierto desde Semana Santa hasta septiembre).

Hay otro claustro encantador con fuentes y palmeras en la **Casa de l'Ardiaca★**, ante la fachada

La Casa de l'Ardiaca, un rincón del Barri Gòtic olvidado por el tiempo.

de la catedral. Esta encantadora casa se construyó
entre los siglos XII y XV para el archidiácono.
Pasee por el **Carrer del Bisbe** y suba la vista hacia
el «puente de los suspiros», una galería neogótica
con intrincadas tallas que cruza la calle. Fue
labrada en 1929 como parte del proyecto de
rejuvenecimiento de la zona para la Exposición
Universal de 1929. El Carrer del Bisbe conduce
a la gran plaza abierta llamada **Plaça Sant Jaume,**
donde el **Ajuntament** y el **Palau de la Generalitat,**
instituciones municipales importantes, están uno
frente a otro. Partes del Ayuntamiento están
abiertas los fines de semana por la mañana
(cuando no se celebran actos oficiales) y su visita
merece la pena. Aquí pueden verse escaleras,
patios, la Sala de las Crónicas, el Salón de la
Reina Regente y el espléndido **Saló de Cent**★
con una bóveda de piedra del siglo XIV, donde
el Consejo de Ciento (el cuerpo medieval de cien
consejeros de la ciudad) se reunía. Doble
la esquina hacia el Carrer de la Ciutat para
ver la preciosa fachada gótica del Saló de Cent.

*Tiempos de
convivencia:
la bandera
española ondea
junto a la senyera
catalana.*

La Ribera

Cruzando la Via Laietana hacia el Este estará
usted en **La Ribera [MNVX]**, el barrio primitivo
de la ciudad amurallada. Su calle más hermosa es
Carrer de Montcada★★, una fila de palacios
medievales primorosamente conservados;
algunos están abiertos al público.

El más bello ejemplo es el **Palau Berenguer
d'Aguilar★,** que alberga el **Museu Picasso★.**
Aunque no cuente con ninguna de las obras más
famosas del genio, sigue siendo el museo más
visitado de la ciudad. Picasso vivió en Barcelona
durante su período de formación (entre los 14 y
los 23 años) y fue aquí donde pintó la mayor
parte de sus obras del Período Azul (1901-1904).
El museo refleja esta etapa temprana (espléndidos
cuadros realistas, nada picassianos), luego avanza
hasta posteriores obras cubistas y da otro salto
para situarse a finales de 1950 con su famosa
serie Las Meninas, basada en la obra maestra
de Velázquez.

No lo dude,
adéntrese en
las calles de esta
maravillosa ciudad.

Al otro lado de la calle hay dos monumentos
más. El **Museu Tèxtil i d'Indumentària** muestra
una colección de telas y modas a lo largo de los
siglos —merece la pena aunque sólo sea por el
palacio que ocupa, y por el **Café Tèxtil** situado en
su hermoso patio. Pegado, se encuentra el nuevo
museo etnológico **Museu Barbier-Mueller,** con

Uno de los patios
medievales que
unen las distintas
salas del Museu
Picasso.

Santa María del Mar: el más perfecto ejemplo de la arquitectura gótico-catalana.

una colección precolombina permanente y otras exposiciones temporales. Sus fascinantes objetos están soberbiamente expuestos en habitaciones en penumbra.

Otros antiguos palacios de Carrer de Montcada albergan galerías de arte, como la Galería Maeght y la Galería Surrealista, tiendas y sitios donde tomar algo, siendo el más destacable **El Xampanyet**★. Puerta con puerta está el **Palau Dalmases,** con un patio impresionante y una **escalinata decorada con frisos**★. Por las noches se puede tomar una copa y escuchar música clásica en su bar **Espai Barroc.**

Al final de Carrer de Montcada está la hermosa iglesia de **Santa María del Mar**★★ **[NX].** Construida en el siglo XIV, ésta era la iglesia principal de marineros y mercaderes. Se la considera el más perfecto ejemplo de arquitectura gótico-catalana, con un diseño que incorpora elevados y esbeltos pilares, una nave central ancha y naves laterales estrechas que se combinan para producir una sensación de armonía. Grandes vidrieras iluminan los amplios espacios superiores.

En la sección Norte de La Ribera, al lado de la Via Laietana, está el **Palau de la Música Catalana**★★ [MV], la sala de conciertos principal de la ciudad y su ejemplo más deslumbrante de arquitectura modernista *(ver p. 22)*. Construido en 1908, es obra de Lluís Domènech i Montaner; y si los **mosaicos exteriores**★ le parecen espectaculares (representan a la música tradicional catalana), espere a ver los del interior. Un mosaico en relieve de las musas tocando instrumentos musicales, un bosque de columnas de piedra con vidrieras irisadas y una fantástica **cúpula invertida**★★, de cristales multicolores, son sólo algunas de las delicias de una desenfrenada orgía de color y relieve que le dejará boquiabierto. *(Hay visitas guiadas de lunes a viernes a las 14 h y a las 15 h; en julio también a las 15 h 30 y a las 16 h; agosto cerrado).*

El Palau de la Música Catalana: Música para el oído y para la vista.

LA RAMBLA★★

La Rambla★★ [LVMY], la calle más famosa de la
ciudad, es un ancho bulevar arbolado que se
extiende desde la Plaça de Catalunya hasta el
Monument a Colom en el puerto. El nombre de
esta calle, recorrida a diario por miles de
personas, proviene de la palabra árabe *ramla,* que
significa «arenal». Los coches pasan a ambos
lados de La Rambla, pero su número es
ampliamente superado por el de peatones que,
en la ancha parte central del bulevar y a las horas
punta, dan cuerpo a una masa abigarrada y
apretada de gente. Es mucho más que una simple
calle —es una pasarela de moda, un café al aire
libre, un mercado callejero, una galería de arte
pop y, sobre todo, una experiencia teatral. Como
todos los buenos espectáculos, cambia con

*La Rambla,
como un río de
aguas verdosas,
desemboca en
el mar.*

frecuencia, pero esté atento a los personajes
locales, bien arraigados, como el viejo músico
callejero con un organillo y un perro diminuto
vestido con la camiseta de fútbol del *Barça*, la
anciana y patética bailaora de flamenco y toda
una hueste de «estatuas humanas», inmóviles
(ni pestañean) que van desde un Don Quijote
rociado con pintura plateada hasta un Elvis
Presley con un tupé engominado, pasando quizás
por un trío de hombres invisibles vendados de
pies a cabeza con *El País,* mientras al final de
La Rambla un grueso empresario hace una
imitación más que aceptable del mismísimo
Colón. Sólo tiene que arrojarles una moneda para
que cambien de postura.

   Empezando en el extremo Norte de
La Rambla, la **Plaça de Catalunya** es una enorme
plaza con bonitas fuentes y estatuas donde a
menudo resuenan las notas de músicos de todas
las nacionalidades. Aquí también están la oficina
de turismo, el siempre popular **Hard Rock Café,**
los famosos grandes almacenes de **El Corte Inglés**
(que ofrecen una excelente vista desde su
restaurante-terraza de la novena planta) y el **Café
Zurich,** un clásico lugar barcelonés de encuentro
(prevista su reapertura para 1998).

   La primera sección de La Rambla es la **Rambla
de Canaletes [NV 27].** Cuenta la leyenda que si se
bebe de su fuente de hierro nunca se irá uno de
Barcelona (o al menos es seguro que se volverá).
La siguiente es la **Rambla dels Estudis [LX],**
famosa por sus pájaros enjaulados, y después la
Rambla de les Flors con su multitud de floristas.

   La arquitectura (con varios ejemplos modernistas
y de principios de siglo) del extremo superior de
La Rambla bien merece que uno alce la cabeza.
Un edificio que no debe perderse es el gran **Palau
de la Virreina★** del siglo XVIII, el único palacio de
La Rambla abierto a visitantes, que alberga
exposiciones temporales de varias clases.

*Estatuas humanas
en la Rambla.
Para que cambien
de postura sólo
tiene que echarles
una moneda.*

Aparte de la gente, lo más colorista de La Rambla es, sin duda alguna, el **Mercat de Sant Josep,** más conocido como **La Boquería [LX].** Alojado bajo un precioso dosel victoriano de hierro forjado, éste es el principal mercado de abastos de la ciudad y sus olores, colores, actividad y bullicio son un festín para los sentidos *(abierto de lunes a sábados).* También hay aquí buenos sitios donde tomar un pincho y comer. La Boquería está en el centro de La Rambla, señalado en la acera por un mosaico de Joan Miró. No se pierda tampoco la **Casa Bruno Quadros** (nº 82), construida en la década de 1890 y decorada con extravagantes diseños de paraguas (¡adivinen qué se vendía aquí hace años!) y un enigmático dragón chino.

Justo debajo de la Boquería está el que en tiempos fuera el más elegante de todos los edificios de La Rambla, el **Gran Teatre del Liceu★.** Destruido en un incendio en 1994, las obras de reconstrucción están llevando más tiempo del esperado y el teatro de la ópera es probable que no se reabra hasta 1999. Enfrente hay otra famosa institución, el decimonónico

La Boquería: Olores y sabores.

Antiguamente la Casa Bruno Quadros era una tienda de paraguas. Este dragón con abanico parece abalanzarse sobre las últimas existencias.

Café de l'Opera, un lugar con carácter donde descansar y tomar algo.

Unos metros hacia el Sur, a mano izquierda de La Rambla, está la **Plaça Reial★★ [MY].** Se trata de una de las plazas más bonitas de Barcelona, rodeada de edificios preciosos, con soportales altos, y adornada con palmeras y farolas de fantasía diseñadas por Antoni Gaudí. Antiguamente lugar predilecto de maleantes, la plaza se ha convertido de nuevo en sitio de moda, lleno de buenos restaurantes, bares y locales nocturnos; no obstante, tome las oportunas medidas de seguridad.

DESCUBRIR BARCELONA

La parte inferior de La Rambla, donde aún
quedan un par de *sex shops* y algunos personajes
de apariencia dudosa, también fue cobijo de
carteristas y atracadores; inmediatamente a la
derecha (Oeste) está el **Barrio Chino [LY]**, así
llamado por su antiguo ambiente de chabola;
nunca hubo población china aquí. De todo se ha
hecho una limpieza considerable en los últimos
años, pero aún se puede percibir esa sensación
de ambiente algo sórdido, si se quiere, dando un
paseo de noche temprano por Carrer Santa
Mónica. Delante del **Café Pastis,** un espléndido
y antiguo bar de estilo francés, como salido del
Montmartre parisino y de los días de Edith Piaf,
los travestis se contonean buscando clientes.
No se adentre demasiado en esta zona avanzada
la noche.

De vuelta en La Rambla está el **Convento
de Santa Mónica**★★, hoy día un centro de arte
donde se realizan exposiciones de forma rotatoria
(abierto a diario). Casi enfrente está el **Museu de
Cera** *(abierto a diario).* Le decepcionará el
parecido que guardan algunas figuras con sus
personajes y sería mucho mejor pasarse por
el café-bar **Bosque de les Fades,** justo al lado.
Éste es uno de los bares de diseño más extraños
de la ciudad, combina el tema de Alicia en
el País de las Maravillas con un bosque
encantado. ¡A los niños les encantará!

La Rambla termina en el Monument a Colom
(ver p. 45)

Junto a La Rambla (de Norte a Sur)

Gire a la derecha —alejándose de las ruidosas
jaulas de pájaros de La Rambla— por la Calle
Bonsuccés, que desemboca en el barrio del
Raval [CS] y verá un enorme edificio de muros
blancos y cristal que parece una caja. Es la sede
del **Museu d'Art Contemporàni de Barcelona**★★
o MACBA *(cerrado los martes),* una de las colecciones

La elegante Plaça Reial sirve de punto de encuentro e intercambio de sellos y monedas durante el fin de semana.

40

más recientes de la ciudad, inaugurada en 1995.
Si su idea del arte son bonitos cuadros
enmarcados en madera, le advertimos que en el
MACBA descubrirá que hay otras posibilidades.
Las críticas a sus exposiciones son muy variadas,
pero estimulará, sin lugar a dudas, a los
admiradores de la vanguardia del arte de finales
del siglo XX. La mayoría de las exposiciones son
temporales, pero la colección permamente
incluye pinturas representativas de estilos surgidos
desde 1940 hasta el presente, p. ej. el movimiento
post-surrealista de **Dau al set,** el neo-
expresionismo, el informalismo y el arte
conceptual, con obras de Tàpies, Antoni Clavé,
J.P. Viladecans y Miguel Barceló. Al lado de éste
se encuentra el **Centre de Cultura Contemporània
de Barcelona** o CCCB, curiosamente con sede en
la Casa de la Caritat, edificio del siglo XV que
posee un encantador y original **patio**★. El centro
comparte la filosofía del MACBA y alberga
exposiciones rotativas de arte, un cine y una sala
de conciertos *(cerrado los martes)*.

Enfrente de la parte izquierda de La Rambla,
en la Plaça Boqueria, vaya por Cardenal Casañas
hasta **Santa Maria del Pi**★ [LX]. El **interior** de esta
singular iglesia es otro buen ejemplo de
arquitectura gótico-catalana con un enorme
rosetón sobre la entrada principal y un bello
portal gótico. La **Plaça del Pi** ya no tiene sus
epónimos pinos, pero es un animado punto de
encuentro (especialmente los jueves, día en que
se organiza un mercado de arte). Al lado, en la
Plaça de Sant Josep Oriol★, se encuentra el
famoso Bar del Pi, que también atrae a jóvenes
artistas y músicos.

Si el MACBA y el CCCB le intimidan un poco,
pruebe el arte y la arquitectura de finales del siglo
XIX que ofrece el **Palau Güell,** creado por
Antonio Gaudí entre 1886 y 1890 que, aunque
más asequible, es también bastante innovador.

Esta obra le dio a conocer y es aquí, más que en
cualquier otra de sus creaciones, donde Gaudí
hace gala de su habilidad para trabajar el hierro
consiguiendo un efecto maravilloso. Los arcos
parabólicos de la sala de entrada son un anticipo
de su futuro trabajo en el Parc Güell *(ver p 74)*,
y la extraña vista desde el tejado (sobre el cual se
puede caminar) es un ensayo para La Pedrera
(ver p 66). Fue construida como residencia
familiar para el mecenas de Gaudí, el rico
industrial Eusebi Güell.

*Santa María del Pi,
semioculta por los
puestos de artistas.*

*Palau Güell:
piérdase en
el laberinto de
su sótano...*

En él encontramos también el Museu de les
Arts de l'Espectacle (Museo de las Artes
Escénicas), donde se expone todo aquello
relacionado con el mundo del teatro, el cine, la
ópera etc. El edificio en que se aloja es
igualmente digno de mención y su visita es un
placer no sólo para los amantes de la farándula y
la arquitectura, sino también para los más
pequeños, que se sorprenderán al ver los
numerosos elementos de que se sirven los artistas
para hacernos creer sus historias.

LA FACHADA MARÍTIMA

Más que ninguna otra parte de la ciudad, la
fachada marítima [MNY] representa la nueva
Barcelona de después de los Juegos Olímpicos.
La ciudad, que estaba de espaldas a su costa, y su
legado marítimo se han convertido —en menos
de una década— en zona de veraneo; su antiguo
puerto se ha revitalizado, convirtiéndose en una
de las principales atracciones, tanto para
barceloneses como para turistas.

El **Monument a Colom** [MY], construido en
1888, es el punto de partida evidente para una
incursión por la fachada marítima. No importa

*Colón, en las
alturas, siempre le
indicará la salida.*

En Drassanes se hará una idea de la gran potencia marítima que fue Barcelona.

que Colón fuera genovés, ni siquiera que su estatua apunte hacia el Norte de África (y no hacia el Nuevo Mundo); por alguna razón los catalanes le reclaman como suyo. Al menos fue en Barcelona donde se le recibió con gran pompa, aunque, irónicamente, el descubrimiento del Nuevo Mundo desencadenó en un principio el empobrecimiento de la ciudad *(ver p.10).*
Se pueden subir los 50 m de la estatua de hierro en ascensor *(la entrada es subterránea y abre a diario),* pero las vistas son entre cristales y puede estar demasiado concurrido. Sin embargo, es un buen sitio para apreciar la escala de las antiguas **drassanes**★★ (atarazanas), situadas debajo mismo.

Datan de finales del siglo XIII y principios del XIV y son los mayores astilleros medievales que se conservan en todo el mundo; en la actualidad albergan el excelente **Museu Marítim★.** La pieza central es la espectacular reconstrucción de una galera de guerra, la Galera Real de Don Juan de Austria, que tomó parte en la acción para salvar a la cristiandad en la crucial Batalla de Lepanto, en 1571. Un entretenido recorrido audiovisual da vida a éste y otros aspectos del museo.

Un nuevo puente levadizo conecta el final de La Rambla con el pequeño promontorio del **Port Vell★.** En las noches de verano éste se convierte en una extensión virtual de La Rambla —con miles de personas que lo cruzan, pasando por el puerto deportivo del prestigioso Reial Club Marítim y Club Nàutic y que van a divertirse a la zona recreativa que recientemente se ha instalado en él. Ésta se concentra alrededor del complejo **Maremagnum,** que ofrece gran cantidad de tiendas ultramodernas y lugares para comer. La mayor atracción en sí misma es el novísimo y vanguardista **Aquàrium,** el mayor y

Las golondrinas, aunque de menor envergadura que los navíos de las Drassanes, le brindan la oportunidad de recorrer el puerto.

Los amantes de las alturas no deben perderse el trayecto en teleférico.

—probablemente— mejor acuario de Europa *(abierto a diario)*. Hay 21 tanques a gran escala que muestran la vida marina de todo el mundo y que culminan en un emocionante túnel de tiburones. Igualmente espectacular es el cine IMAX del Port Vell, donde películas especiales (a veces en 3-D) se proyectan en una pantalla gigante con una curvatura de 180; se verá transportado al centro mismo de la acción.

Hay dos formas de disfrutar del puerto en mayor medida. La opción tradicional es a bordo de un barco de recreo, o «golondrina», que hace un recorrido de 30 minutos por el puerto (los barcos de recreo también ofrecen una excursión de dos horas por el Port Olímpic *(ver más abajo)*. Esta es una excursión bastante agradable y, aunque por lo general no hay mucho que ver, se puede llegar a apreciar el tamaño de los enormes barcos del puerto comercial de Barcelona. Si quiere disfrutarlo a vista de pájaro coja el **Transbordador Aeri.** El recorrido completo parte de la Plaça Armada, a los pies del Montjuïc, pasa por la Torre Jaume I, sobre el Moll Barcelona, y cruza el puerto hasta la Torre San Sebastià, con vistas sobre la Platja San Sebastià. La panorámica es magnífica y se puede ir de una a otra torre indistintamente; si no quiere montarse en el transbordador puede subir en el ascensor de cualquiera de las dos torres de 80 m de altura.

Las **playas** de la ciudad son excelentes —bien cuidadas y vigiladas por socorristas— y abarcan amplias extensiones de arena dorada importada, con caminos de tablas, duchas y cafés. Ocupan 4 km hacia el Este, sólo interrumpidos por el Port Olímpic, y terminan en la Platja Nova Mar Bella.

Desde el Monument a Colom, el **Moll de la Fusta [NY]** —zona de almacenes ruinosos hasta hace poco— está lleno de restaurantes de moda; fíjese en Gambrinus, coronado por una langosta gigante de fibra de vidrio. Por aquí desembocamos en el **Palau de Mar,** un enorme almacén rosa restaurado con gran sensibilidad para albergar el más reciente museo barcelonés dedicado a la historia, el **Museu d'Història de**

Las playas de Barcelona son excepcionales; ¡habrá mucha gente que se lo confirme!

Catalunya. Su carencia de piezas originales queda sobradamente suplida por la más moderna tecnología museística; por ejemplo, cientos de objetos están presentados con mucha originalidad y muchas de las piezas se pueden tocar.

La parte correspondiente a historia reciente es especialmente buena, así es que sáltese épocas más tempranas si la fatiga empieza a hacer mella.

Justo a la derecha se encuentra el **Port Olímpic,** creado para las competiciones olímpicas de yates y señalado por las torres gemelas de Mapfre (oficinas), de 150 m de altura, y el Hotel Arts Barcelona. La **panorámica★** desde las plantas superiores de este último son sobrecogedoras *(abierto sólo para clientes).* El puerto deportivo está lleno de yates y a su alrededor ha surgido una de las zonas de clubs, restaurantes y bares más animada de la ciudad, con establecimientos

Pasee por el Moll de la Fusta, donde la ciudad se reconcilia con el mar.

internacionales de renombre, tales como Planet Hollywood y el Baja Beach Club, que atraen en masa a gente adinerada de entre 18 y 40 años.

El Port Olímpic y sus locales, parada obligada durante la ajetreada noche barcelonesa.

Parc de la Ciutadella★

A poca distancia de la fachada marítima, el **Parc de la Ciutadella★ [DS]** toma su nombre de una enorme ciudadela construida aquí tras la derrota de Barcelona en 1714. Instrumento con que se sometió a la ciudad, se cernió sobre ella durante más de 150 años, antes de ser demolida y de que el terreno se convirtiera en parque. En 1888 se eligió como enclave para la Exposición Universal, de la cual se conservan aún varios edificios, y en 1829 se cedió un tercio al **Parc Zoològic★.** Abierto a diario, goza de mucha popularidad entre las familias barcelonesas, y aunque muchas de las jaulas y recintos son pequeños, el parque está

artísticamente ajardinado. La Jungla de
Madagascar es una nueva e ingeniosa atracción y
el espectáculo de delfines tiene mucho éxito,
pero sin lugar a dudas la estrella del zoo es
Copito de Nieve, el único gorila blanco del
mundo en cautividad, y todo un comediante,
por añadidura.

   Desde el siglo pasado, el parque se ha
convertido en uno de los lugares preferidos de
la ciudad; de hecho, durante muchos años fue
el único parque propiamente dicho. Hoy en día
está lleno de flores, árboles añejos, atracciones
acuáticas, (entre ellas, un lago con barcas y una
espléndida cascada *(ver más abajo)*, y estatuas

*¿Una sonrisa para
la cámara?*

*El Arc de Triomf
neo-mudéjar,
de Josep Vilaseca,
proyectado como
puerta de acceso
a la Exposición.*

preciosas. Loros de un verde brillante revolotean
ruidosamente entre las palmeras y le transportan
a otro mundo, lejos de las trepidantes calles de la
ciudad.

La entrada Norte del parque es a la vez la más
grandiosa y la menos utilizada. Ostenta el enorme
Arc de Triomf, decorado con figuras de cerámica,
que se construyó para la Exposición Universal.
Otro notable edificio del parque que data de la
Exposición, junto a la puerta Norte, es el precioso
Castell dels Tres Dragons★★ de ladrillo rojo y
estilo neo-gótico, diseñado por Domènech i
Montaner como café-restaurante. Actualmente
alberga el **Museu de Zoologia★**, que consiste, en
su mayor parte, de una colección tremendamente
anticuada de animales disecados en urnas de
cristal. En las inmediaciones están el Hivernacle i
Umbracle, un invernadero e invernáculo al que
han añadido un bar, y el cuidado, aunque
insípido, **Museu Martorell de Geologia.**

Dragones, caballos, querubines... todos se dan cita en el Parc de la Ciutadella; concretamente en torno a una preciosa cascada.

En la esquina Noreste del parque está **La Cascada,** combinación gloriosa y desmesuradamente barroca de estatuas, cascadas y fuentes que se ponen en funcionamiento regularmente. El joven Gaudí ayudó en su finalización. Cerca hay un lago con barcas muy popular, y detrás de él unos jardines convencionales muy bonitos. Hacia la parte Este, el antiguo edificio del arsenal, única parte superviviente de la fortaleza original, está compartido por el **Parlament de Catalunya** y el **Museu d'Art Modern,** aunque no es tal museo de arte moderno, pues en realidad incluye obras de

mediados del siglo XIX hasta la década de 1930.
No obstante, la calidad de las piezas exhibidas es
muy alta, y los muebles y elementos decorativos
del período del *modernismo* son especialmente
atractivos.

MONTJUÏC★

Desde la fachada marítima, **Montjuïc★** [BCT]
(Montaña de los Judíos) se alza empinada sobre
el Oeste de la ciudad, las atracciones de su
parque tentadoramente expuestas. Como
contraste, inmediatamente debajo está el castillo,
un símbolo del temor y la represión durante
el régimen de Franco. Más allá, en la cima
de la colina, está la **Anella Olímpica★** (Anillo
Olímpico), construida para la algazara de 1992.
En la parte Norte de la colina hay un grupo
de edificios impresionantes, diseñados para
la Exposición Universal de 1929. Sume a esto
unas vistas sobrecogedoras y dos de las mejores
colecciones de arte antiguo y moderno de
Barcelona y tendrá dos días de visita completos.

La ladera Oeste de Montjuïc

El transporte público más directo es el **funicular,**
que va desde la estación de metro de Paral·lel
(*no empieza a funcionar hasta las 11 h*). Junto a
la terminal, el **teleférico** (pequeño, abierto
y con cuatro asientos) hace el corto aunque
espectacular viaje al **Parc d'Atraccions** (*abierto
de finales de junio a mediados de septiembre, de martes
a sábados, de 17 h 30 hasta tarde, domingos de
11 h 30 a 23 h 15; el resto del año sólo fines de semana
de 11 h 30 a 22 h*).

El parque constituye una divertida excursión,
con atracciones de las de «agárrese fuerte», pero
también de las tradicionales; no obstante, uno de
sus principales alicientes es la fabulosa **vista** de
la ciudad. Esta misma perspectiva maravilló a

Vaya a Montjüic y ¡agárrese que vienen curvas!

La sardana, inmortalizada en piedra por Josep Canyas.

millones de telespectadores durante el campeonato de salto de trampolín, en los Juegos Olímpicos de 1992. La **Piscina de Montjuïc** está justo debajo de la terminal del funicular y ahora está abierta al público. Junto a la entrada al parque de atracciones está la **Plaça Sardana,** donde una encantadora estatua inmortaliza este baile tradicional catalán *(ver p. 18)*. A la derecha está la **Plaça Mirador,** con vistas maravillosas del puerto. Vuelva a subirse al teleférico (las vistas son cada vez mejores) para el corto trayecto al **Castell de Montjuïc.** Construido en el siglo XVIII, fue tomado por las tropas de Franco y fue aquí donde en 1940 ejecutaron a Lluís Companys, presidente de la Generalitat (gobierno catalán). En la actualidad alberga el **Museu Militar,** que cuenta con una variada y extensa colección de armaduras y artefactos de guerra de los siglos XVI al XX. La azotea y terrazas del castillo ofrecen más vistas espectaculares del puerto. Coja el

eleférico de vuelta a la terminal o, como
alternativa, baje a pie el breve tramo a la Plaça
Armada, desde donde el **transbordador aeri**
—mucho mayor— desciende hasta la fachada
marítima *(ver p. 48)*.

Un corto paseo desde la terminal conduce
a la **Fundació Miró★★★**. Este edificio, de un
blanco reluciente, alberga las mejores obras del
artista y escultor Joan Miró (1893-1983), nacido
en Barcelona y aclamado internacionalmente,
además de una limitada selección de la obra de
alguno de sus coetáneos. El estilo abstracto,
infantil, a garabatos de Miró es conocido por
muchos a través del logotipo de la Oficina
Española de Turismo y otros símbolos de uso
comercial. Una pieza que no debe perderse es
la misteriosa **Mercury Fountain★**, de Alexander
Calder. También hay un bonito café en el patio.
Justo debajo de la Fundación se encuentran dos
museos menores: el **Museu Arqueològic★**
y el **Museu Etnològic.**

El **Estadi Olímpic★**, centro de los Juegos de
1992, está abierto al público para visitas guiadas

*Arriba: Estar en Montjuïc
es como levantar los pies
del suelo.*
*Abajo: En la Fundació
Miró perderá la cabeza.*

El Estadi Olímpic: la calma que precede a la marea.

con cita previa *(entrada por la Avinguda Estadi),* con su **Galería Olímpica** en el otro extremo. Aquí pueden verse medallas, fotografías, recuerdos e imágenes de televisión de algunos de los momentos más memorables de la XXV Olimpiada. Casi al lado, encontramos el polideportivo y sala de conciertos **Palau Sant Jordi★★** *(abierto sólo para actos programados),* más piscinas olímpicas *(abiertas al público)* y la **Plaça de Europa,** que ofrece un panorama diferente, pero igualmente impresionante de la ciudad. Una blanca y enorme aguja espacial (en realidad es una torre de telecomunicaciones) domina esta parte de la colina.

La ladera Norte de Montjuïc

El acceso a Montjuïc por el Norte fue diseñado en un principio para impresionar al mundo durante la Exposición Universal de 1929, y casi

70 años después continúa siendo una de las más hermosas vistas de la ciudad. Comienza en la **Plaça d'Espanya** [BT], con su **fuente** y estatuas monumentales, coronada por un crisol que se enciende con una llama de estilo olímpico en las noches de verano. Llega luego, a través de unas torres gemelas de 47 m de altura inspiradas en el Campanile di San Marco de Venecia, a la Avinguda Reina María Cristina. A ésta la recorren más fuentes y pabellones construidos en 1929, restaurados en 1992, y utilizados actualmente como sede de las múltiples ferias de muestras que se celebran a diario en Barcelona. Entre ellos está el pabellón minimalista **Mies van der Rohe★★**, considerado uno de los ejemplos fundamentales de la arquitectura moderna mundial.

Detrás de la fuente de Plaça de Espanya se yerguen los obeliscos gemelos que marcaron la entrada a la Exposición Universal de 1929.

Festival de luz y sonido en la Font Màgica.

La larga subida a la colina por varios tramos de escalera y ascensores queda interrumpida a mitad de camino por la **Font Màgica.** Le impresionará el espectáculo de miles de litros de agua luminosa bailando al ritmo del himno a Barcelona, cantado por Freddy Mercury y Montserrat Caballé, mientras rayos láser dibujan el cielo detrás del Palau Nacional iluminado *(ver más abajo).*
(El espectáculo de agua, luz y sonido suele tener lugar de junio a septiembre, de martes a domingos entre la 1 h 45 y 23 h 45, pero confírmelo en la oficina de turismo).

En la parte más alta está el **Palau Nacional,** un palacio barroco de imitación, construido como edificio central para albergar el Pabellón Español en la Exposición Universal de 1929 y ahora sede del **Museu Nacional d'Art de Catalunya★★★**, más conocido como MNAC. Se le considera el tesoro más preciado de la ciudad y está dividido en dos partes diferenciadas: la **colección románica★★★** y la **colección gótica★★★**. La parte románica (siglos XI-XIII) es única, y se compone en su mayor parte de decenas de frescos que, para ser salvados de la destrucción o la venta al extranjero, fueron laboriosamente despegados de paredes y ábsides de diminutas iglesias rurales en ruinas del Pirineo catalán. Muchos han sido reproducidos *in situ;* un vídeo muestra este proceso y merece la pena verlo antes de contemplar la exposición. La colección gótica es una de las mejores del mundo, con 20 salas repletas de pintura religiosa de la más alta calidad

Toda una paradoja: el exterior del Palau Nacional es barroco de imitación, mientras que en su interior se encuentran auténticos frescos románicos.

Nociones básicas de catalán: Miró, un parc, una dona i un ocell.

y algunos frentes de altar magníficos (precursores de los retablos). Concédase un pequeño descanso y visite la exposición temporal de la planta inferior, dedicada a períodos posteriores, y que muestra obras de artistas mundialmente famosos. El museo se expande constantemente y para el cambio de milenio, si no antes, habrá añadido una importante sección de arte de los siglos XVI y XVII.

Al Oeste del Palau Nacional hay otro superviviente de 1929: el **Poble Espanyol**★, descrito en sus propios folletos como «sinopsis arquitectónica» y por sus detractores como «Disneylandia español» *(abierto a diario)*. Aquí podrá pasear por la reconstrucción de 117 regiones españolas, desde Ávila a Zaragoza, y de paso ir saboreando un poco sus estilos arquitectónicos, comida, artesanía y puede que exhibiciones folclóricas. Todo ello presentado muy profesionalmente y aliñado en años recientes con una oferta de animados clubs nocturnos, encabezados por el de Torre de Avila. Procure llegar a media tarde para hacer compras, pasear por las románticas calles, probar la cocina regional española, quizás ver un espectáculo flamenco y luego ir a un club nocturno.

Barcelona es mucho más que una ciudad. En ella podrá visitar «toda España»: en el Poble Espanyol, creado para la Exposición Universal del 29.

DESCUBRIR BARCELONA

EIXAMPLE★★ (ENSANCHE)

«Eixample» hace referencia a la extensión de
la ciudad hacia el Norte entre la década de 1860 y la
de 1920. Debido a que este período coincidió con
el florecimiento del movimiento *modernista (ver
p. 22)*, aquí encontramos algunos de los mejores
ejemplos de este fascinante estilo arquitectónico.
Los más famosos se concentran para comodidad
nuestra en el **Passeig de Gràcia★★ [CS]**, un corto
paseo al Norte de la Plaça de Catalunya. Los tres
primeros edificios notables están en la llamada
Manzana de la Discordia★★, lo cual sencillamente
significa que los tres son diferentes. Caminando
de Sur a Norte, el nº 35 es la **Casa Lleó i
Morera★,** de Domènech i Montaner,
inconfundible con sus balcones semi-circulares; el
nº 41 es la **Casa Amatller★,** de Puig i Cadafalch,
con cerámica de color y un aguilón escalonado
que refleja la influencia de los Países Bajos en el
arquitecto *(escalera abierta)*. La mejor de todas es
la **Casa Batlló★★** en el nº 43, una creación de
Gaudí de cuento de hadas con un tejado que se
aseneja a las escamas de un reptil y balcones con
forma de máscara *(escalera abierta)*.

Sólo a unos metros, doblando la esquina, en el
Carrer d'Aragó, está la **Casa Montaner i Simón★,**

*Casa Amatller:
cuando Holanda
se traslada a
Barcelona.*

uno de los primerísimos edificios del *modernismo*, diseñado en 1880 por Domènech i Montaner. Es ahora sede de la **Fundació Antoni Tàpies★★**, dedicada a obras del influyente artista abstracto, Antoni Tàpies, nacido en Barcelona. Su famosa

Casa Batlló: fantasía a raudales.

Casa Batlló: la sinuosidad de sus balcones tiene continuación en el interior del edificio.

obra *Nube y silla,* un revoltijo laberíntico de tubos y alambres en el tejado, es una muestra de las piezas abstractas experimentales de Tàpies expuestas en el interior; para bien o para mal, no le dejará indiferente.

De vuelta al Passeig de Gràcia, y pasadas dos manzanas más al Norte, verá a la derecha la **Casa Milà**★★, más conocida como **La Pedrera**, construida entre 1905-1911. Está considerado el más bello edificio civil de Gaudí. Antes de subir al tejado para ver el famoso mundo fantástico de remolinos de crema petrificada y ventiladores que recuerdan a enmascarados guerreros medievales, pase algún tiempo en el recientemente creado **Espai Gaudí** (Espacio de Gaudí), en el ático del edificio. Es una exposición excelente sobre este

Prodigios de otros mundos han tomado la azotea de la Casa Milà.

artista, su obra y sus métodos, y es el punto de partida perfecto para los estudiosos de Gaudí y el *modernismo (ver p. 22).* Los viernes y sábados por la noche, desde las 21 h hasta la medianoche, se puede visitar la azotea a la luz de la luna y tomar una copa. La noche es también el mejor momento para visitar la Casa Batlló *(ver más arriba),* cuando la iluminación le confiere un aspecto aún más extraño.

Muy cerca, en la Avinguda Diagonal, hay otros dos destacados edificios modernistas, ambos de Puig i Cadafalch. La **Casa Quadras** (en el nº 373) tiene una fachada neo-gótica impresionante, bastante siniestra, y en ella se encuentra el **Museu Municipal de la Música,** con su exposición de instrumentos del siglo XVI. En contraste,

La Sagrada Família es un capricho místico del modernismo.

diagonalmente enfrente, la **Casa Terrades**★, más conocida como la **Casa de les Punxes** (Casa de lo Pinchos), recuerda más a un castillo de hadas, con su alegre torre roja *(no abierto al público)*.

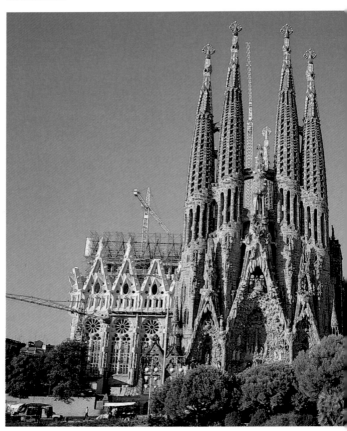

Sin lugar a dudas el más grandioso edificio del Eixample es **La Sagrada Família★★★** [CR], enigmática iglesia que se ha convertido en emblema de la ciudad y una de las principales referencias de España. Se comenzó a construir en 1882 como proyecto de Francesco de Villar, pero en 1883 ya pertenecía a Gaudí.

Su diseño fundamental está firmemente enraizado en la tradición gótica de la ciudad, pero el parecido termina ahí. Sillería de piedra que «gotea» como cera derretida de vela, torres que parecen puros perforados y que se elevan 100 m al cielo, esculturas con motivos naturales y decoración de mosaicos de cerámica fragmentada son parte de este banquete visual.

La Fachada de la Natividad★★, coronada por las magníficas torres, es una narración en piedra de escenas de la Biblia. Unos prismáticos serán útiles para distinguir los detalles —la huida de Egipto, los Reyes Magos y los pastores, el Arcángel San Gabriel y el árbol genealógico de Cristo. Para tener una impresión real de la escala y detalle del edificio, coja el ascensor hasta lo más alto (sube 60 m) y siga a pie, disfrute de la **vista★★** panorámica y baje por las escaleras. Aunque la subida es maravillosa, no se la recomendamos a las personas que padezcan de vértigo: las escaleras, estrechas y serpenteantes, jalonadas de huecos a modo de ventanas, pueden producirles mareo. La iglesia está inacabada y, dado que Gaudí no dejó planos detallados, existe la inevitable controversia acerca de cómo debería completarse.

Como corresponde, Gaudí está enterrado aquí, en la **cripta,** que también contiene un pequeño museo *(abierto a diario)*. Le recomendamos que visite el edificio tambien por la noche. La iluminacíon es excelente y disfrutará de algunos detalles como no es posible hacerlo durante el día.

Colores y formas moldean la piedra en el interior de la Sagrada Família.

LUGARES DE INTERÉS

Tibidabo

En las noches calurosas de verano, durante el fin de semana, sólo hay un sitio donde estar en Barcelona, y es en la colina del Tibidabo [AR]. Sus vistas, el aire fresco y el parque de atracciones **Muntanya Magic** atraen merecidamente a miles de barceloneses.

Llegar a la atracción turística situada más al Norte de la ciudad puede constituir una aventura en sí misma. La ruta directa al parque de atracciones es montar en el **Tibibús**, un autobús especial que hace el trayecto todos los fines de semana y de martes a domingo durante julio y agosto desde la Plaça de Catalunya. Como alternativa, coja la línea de metro FF.CC. desde Plaça de Catalunya hasta Avinguda de Tibidabo (tenga en cuenta que, debido a la larga duración de las obras de construcción del metro, puede que el servicio acabe en la estación anterior a ésta, El Putget, en cuyo caso un autobús realiza el servicio de este último tramo). En la Avinguda Tibidabo, el famoso **Tramvia Blau** (Tranvía Azul) le estará esperando para llevarle a la falda del Tibidabo. Es ésta una línea espléndida que utiliza tranvías originales de finales del siglo pasado, con asientos de madera encerada y mobiliario de cobre reluciente. No se sabe por qué, pero no todos son azules; en los días laborables

El Tramvía Azul, un viaje no sólo en el tiempo, sino también en el espacio.

Las vistas de la ciudad: una de las principales atracciones del Tibidabo.

de invierno un servicio normal de autobuses reemplaza a los tranvías.

Durante la subida verá el **Museu de la Ciència;** es inconfundible, ya que tiene un submarino fuera. El interior está lleno de interesantes piezas que se pueden tocar. En la terminal del tranvía, el **funicular del Tibidabo** cubre el último tramo del viaje, dejándole justo a la entrada del **parc d'atraccions.** Se extiende ladera abajo, con zonas exuberantemente ajardinadas y divido en

arias zonas temáticas, y es una forma magnífica
de pasar la tarde fuera con toda la familia;
ofrece una buena mezcla de emociones para los
adolescentes y atracciones apacibles para los más
pequeños, además de espectáculos y atracciones
especiales como el fascinante **Museu
d'Automates** y el terrorífico **Krueger Hotel.**
El primero muestra una colección de autómatas
históricos de todo el mundo, mientras que el
segundo es una casa encantada con Freddy

El Museu d'Automates, al alcance de la mano.

Krueger (¡sí, el de pesadilla en Elm Street!) como protagonista; una atracción pensada para matarle de miedo. (¡No recomendado para niños pequeños!)

Desde el **Sagrat Cor** (Sagrado Corazón) las **vistas**★★ son fascinantes, pero no sólo por eso merece una visita, sino por derecho propio… Empiece subiendo en el ascensor que le lleva a una terraza a 542 m de altura sobre el nivel del mar. Los últimos 26 m tendrá que subirlos a pie por una estrecha escalera de caracol, con escalones de piedra, que le deja debajo mismo de la estatua de Jesús, donde el viento sopla fuerte y la panorámica de 360° es insuperable. En un día claro se pueden ver los Pirineos y Montserrat hacia el interior, y Mallorca hacia el mar, o eso es lo que dicen. Si tiene ganas de llegar aún más alto, tenemos otra vista que ofrecerle. Móntese en el tren transbordador gratuito que va desde más abajo de la iglesia hasta la gigante **Torre de Collserola.** Aquí, súbase en el ascensor de cristal que le transportará velozmente por el exterior de esta gigantesca torre de telecomunicaciones hasta una galería acristalada a 560 m de altura. *(Cerrado lunes y martes).*

Parc Güell ★★

Este espléndido parque ajardinado [BR] *(abierto a diario)* fue el último proyecto civil de Gaudí y es indiscutiblemente una de sus creaciones más populares. Sus agujas y tejados de cuento de hadas, que se han convertido en su firma, singularizan varios edificios, pero una de las características más sorprendentes es la gran hilera de retorcidos y contorsionados **bancos★★**, llamativamente decorados con cerámica quebrada y situados en una fabulosa atalaya sobre la ciudad. El Parc Güell fue inicialmente concebido como una urbanización con 60 casas, y la famosa **Sala de las Cien Columnas** (bajo los bancos)

Magníficas vistas desde la atalaya del Parc Güell.

75

se diseñó para ser la galería del mercado; desgraciadamente el proyecto nunca se llegó a realizar. El parque también incluye la interesante **Casa Museu Gaudí** *(cerrada los sábados)*, donde este genio vivió la mayor parte de sus últimos 20 años.

Pedralbes

Fue originalmente un pueblo, lugar de retiro de monjes y reyes cansados de la ciudad; ahora Pedralbes **[AS]** ha sido totalmente absorbido por las afueras de Barcelona. Sin embargo, el

Los ondulantes bancos del Parc Güell invitan al descanso.

Monestir de Pedralbes★★ sigue siendo un lugar maravilloso donde escapar del bullicio de la ciudad. Escondido tras altos muros con verja, es una tranquila comunidad autosuficiente con uno de los conjuntos arquitectónicos mejor conservados de Europa. Es aquí, más que en Montserrat *(ver p. 80)* o en ningún otro famoso monasterio catalán, donde se percibe esa sensación de cotidianeidad que caracteriza una institución de este estilo. El **claustro**★ del siglo XIV, ejemplo magnífico de arquitectura gótica catalana, se compone de tres pisos, y se puede echar un vistazo a muchas de las **celdas** donde las devotas de la orden de las Clarisas pasaban sus rutinarias vidas (un pequeño grupo de monjas aún lo habitan). Las cocinas, enfermería, refectorio, una valiosa **capilla con frescos**★★ y la sala capitular están abiertos también a visitantes. Para la mayoría de los amantes del arte, la joya de la corona es la **Col·lecció Thyssen-Bornemisza,** que ocupa un ala del monasterio. Exhibe 72 pinturas y ocho estatuas de primerísimo orden (incluyendo obras de Lucas Cranach, Tiziano, Veronés, Tiépolo, Tintoretto y Canaletto), la mayoría representantes del arte italiano desde la Edad Media hasta el siglo XVIII. Para terminar, no se pierda la **iglesia**★, donde la fundadora del monasterio, la reina Elisenda de Montcada, yace en un espléndido sepulcro.

Menos impresionante, pero no desprovisto de interés, es el **Palau Pedralbes,** a 15 minutos de paseo o cinco en autobús. Modesto para criterios palaciegos, se construyó al estilo italiano entre 1919 y 1929, para Alfonso XIII, sobre un edificio ya existente que había sido la casa de Eusebi Güell, mecenas de Gaudí. Sus habitaciones públicas están ahora ocupadas por dos museos. El **Museu de Ceràmica**★ puede que tenga menor interés para el visitante medio que el **Museu de les Arts Decoratives,** un viaje a través del mundo de la decoración desde la Edad Media hasta nuestros días, con algunas piezas modernas sorprendentes, en flagrante yuxtaposición con su enclave palaciego.

Para cambiar radicalmente, cruce la Avinguda Diagonal hasta el **Camp Nou,** estadio del mundialmente famoso Fútbol Club Barcelona *(ver p. 109).* Observe el magnífico estadio que suele llenarse con 120.000 seguidores fervientes y luego entre al **Museu del Futbol Club Barcelona.** Una serie de objetos expuestos (fotografías y recuerdos) está dedicada a cada época de la

Pedralbes, para los amantes del retiro.

*Cuando ser hincha
se convierte en
modo de vida.*

historia del club desde su fundación en 1899,
al tiempo que una pantalla múltiple muestra los
momentos cumbre del club en el presente.
Es un lugar muy popular de peregrinaje entre
los aficionados al fútbol de todo el mundo,
y la tienda oficial del *Barça* —situada a la
entrada— está siempre a rebosar (hay otras
en la ciudad).

ALREDEDORES

No se necesita coche para ninguna de las siguientes salidas; desplazarse desde y hacia Barcelona en automóvil no es ningún placer, y todas son perfectamente realizables en tren.

Montserrat★★

40 km al Noroeste de Barcelona

Corazón espiritual de Cataluña y el segundo santuario más importante de España, después de Santiago de Compostela, Montserrat atrae aproximadamente a un millón de peregrinos al año que van a venerar a **La Moreneta★★**. Cuenta la leyenda que San Lucas en persona talló la figura y que, poco después de la muerte de Cristo, San Pedro la llevó a Barcelona, donde la adoptaron como patrona de la región. La imagen está en Montserrat desde los primeros tiempos del medievo, cuando una de las muchas ermitas desperdigadas por esta zona montañosa creció y se convirtió en el monasterio original. Fue destruido en su mayor parte en 1811 por las tropas napoleónicas, aunque la Moreneta se salvó misteriosamente, y el edificio actual data de 1874.

A primera vista, este enorme complejo cuadrado de ladrillo rosa parece más un fuerte del Lejano Oeste que un lugar de culto. Hogar de unos 300 monjes, es sobre todo un monasterio donde se labora; sólo se puede visitar la basílica del siglo XVI, donde está La Moreneta y donde los fieles aguardan largas colas para tocar la imagen fugazmente. Intente estar aquí a la una de la tarde, cuando canta el famoso **coro de niños de la Escolanía.** Hay también un interesante **museo** que refleja la gran riqueza del monasterio; expone piezas de tierras bíblicas, obras de artistas modernos como Picasso y Dalí y cuadros de maestros antiguos como El Greco y Caravaggio. El museo está dividido en dos, con la sección más

La subida desde el Monasterio de Montserrat, o el afán de llegar más alto.

antigua situada junto al hermoso claustro gótico
de finales del siglo XV.

Para el visitante extranjero medio (no el
peregrino) la gran atracción de Montserrat, que
significa «montaña en forma de sierra», es su
espectacular **enclave★★★**. La mejor forma de
llegar es en el teleférico de Montserrat Aeri,
comunicado directamente con Barcelona (Plaça
d'Espanya) a través del ferrocarril. El teleférico se
eleva a 1.000 m de altura, a menudo surcando las
nubes hacia la soleada cima de la montaña.
Después de visitar el monasterio pruebe el famoso
mel i mató (miel y requesón) que venden en los
puestos situados al lado de la puerta principal,
luego suba a uno de los funiculares que se
adentran en las montañas, o a los dos. El
funicular de Sant Joan ofrece la clásica
panorámica de postal por encima del monasterio,
pero las **vistas★** desde Sant Cova son también
magníficas, y desde ambas estaciones hay
preciosos paseos señalizados —de distinta
longitud— que conducen a varias ermitas antiguas.

Sitges★★
40 km al Sur de Barcelona
El mejor centro de veraneo, sin comparación, de
la Costa Daurada. **Sitges★★** es atractiva, elegante,
animada, apenas afectada por los excesos del
turismo de costa de nuestro siglo. Para los
barceloneses, es el lugar favorito de retiro
durante el fin de semana, así que prepárese para
encontrarse con un gentío en las playas y en
la ciudad (reserve alojamiento con bastante
antelación), eso sin mencionar los atascos, que
alcanzan proporciones de pesadilla; es mucho
más sencillo coger el tren.

Las **playas** de la ciudad son excelentes
y se extienden a ambos lados de la *punta*,
el promontorio coronado por la destacada iglesia
parroquial; merece la pena verla iluminada de

Ciudad modernista y balnearia, Sitges ha sabido conservar su carácter.

noche. Detrás está la **ciudad vieja★★**, un laberinto de calles empedradas estrechas y el **Palau Maricel,** de romántico nombre. Con auténtico aspecto de palacio medieval remozado, en realidad fue construido en los años veinte para el norteamericano Charles Deering, hombre de negocios y amante del arte. En el interior, en un marco glorioso de ventanas que recorren las paredes del suelo al techo, con vistas al mar,

*Palau Maricel
o «Un americano
en Sitges».*

el **Museu Maricel de Mar★** recoge parte de la
colección de arte de Deering, la colección de Pérez
Rosales y objetos provenientes de todo el mundo.

Puerta con puerta, el **Museu del Cau Ferrat★★**
(literalmente, Museo de la Guarida de Hierro)
fue casa y taller del artista local Santiago Rusiñol
(1861-1931) y exponente del modernismo, que
trabajó el hierro forjado con gran genialidad.
Sus reuniones con colegas consagraron a Sitges
como colonia de moda para artistas e
intelectuales. Aparte de las obras de Rusiñol hay

No se deje engañar por su apacible apariencia, Sitges le depara más de una sorpresa.

piezas de cerámica y de cristal, y cuadros de genios tales como El Greco y Picasso; todo ello contribuye a hacer de éste uno de los mejores museos pequeños de España. Una tercera colección que merece la pena visitar en la ciudad es el **Museu Romàntic,** recogido en la **Casa Llopis★,** una mansión del siglo XIX lujosamente decorada y llena de objetos fascinantes de la época y una famosa colección de muñecas.

Por encima de todo, Sitges es famosa por las celebraciones de su **Carnaval** *(ver p. 88),* cuando toda la ciudad parece enloquecer y su nada desdeñable población gay literalmente se suelta la melena.

La Región Vinícola
55 km al Oeste de Barcelona
Vilafranca del Penedès★ es la capital de la región vinícola del Alt Penedès y su **Museu de**

Vilafranca★ (es un museo del vino) es el punto
de partida lógico de cualquier excursión vinícola.
El museo está situado en el mismísimo Barri Gòtic
de Vilafranca, en un precioso edificio que fue
antiguo palacio de los condes de Barcelona.
El proceso de producción del vino a lo largo de la
historia se ilustra con dioramas. Enormes lagares
hechos de madera, de 2.000 años de antigüedad,
nos recuerdan que ésta fue la bebida preferida de
los romanos. Al final de la visita puede degustar
los vinos locales en la recreación de una bodega
del siglo XVIII.

Vilafranca está de lo más animada los sábados,
día de uno de los mercados más coloristas de la
región. Dése un paseo por sus frondosas avenidas
principales, la Rambla Sant Francesc y la Rambla
Nostra Senyora, y visite la Basílica de Santa María,
de estilo medieval tardío, el Palau Baltà, que está
al lado, y el **Convent Sant Francesc**★.

A las afueras de la ciudad están los viñedos de
Torres, el rey de los vinos catalanes y —sin lugar a
dudas— uno de los mejores vinicultores del
mundo. Torres es conocido por su destreza e
innovación tecnológicas, y las visitas reflejan esta
preocupación. Puede que los enólogos entusiastas
y los aficionados al acero inoxidable disfruten,
pero aquellos amantes del vino con inclinaciones
más románticas deberían dirigirse diez kilómetros
más al Noreste hasta **Sant Sadurní d'Anoia,**
la «capital del cava».

El *cava*, el champán catalán, es producido por
más de 20 fabricantes en Sant Sadurní, aunque
pocos visitantes se aventuran más allá del
establecimiento de **Freixenet,** convenientemente
situado cerca de la estación de ferrocarril.
Las visitas a las bodegas son guiadas, de forma
gratuita, por personas conocedoras y amigables.
El otro productor de la ciudad
internacionalmente conocido es **Codorniu,** que

también organiza visitas a sus **bodegas**★, famosas por sus edificios modernistas diseñados por Puig i Cadafalch.

Las visitas a las bodegas tienen lugar a intervalos regulares durante la semana (con un descanso a la hora de comer) y los domingos por la mañana. Infórmese en la oficina de turismo de Vilafranca del Penedès o contacte directamente con las bodegas: Freixenet ℂ **938 18 32 00;** Codorníu ℂ **938 18 32 32.**

Hay tradiciones que no deben perderse.

CLIMA

La mejor temporada para visitar Barcelona es
desde finales de la primavera hasta principios
del verano (de finales de abril a principios de
junio) y a finales del verano (septiembre), cuando
las temperaturas sobrepasan los 20° y corre la
fresca brisa mediterránea. A finales de julio y
durante gran parte de agosto el calor se hace muy
opresivo, con un alto grado de humedad y
temperaturas alrededor de los 35°; un alojamiento
con aire acondicionado es fundamental para
poder dormir. Los inviernos son lluviosos pero
suaves (la temperatura media en diciembre y
enero es de 12º). Marzo y octubre/noviembre son
los meses más lluviosos, con precipitaciones
medias de 85 mm, mientras que de noviembre a
marzo se experimenta una media más modesta de
42 mm. Los meses de verano suelen ser secos.

FIESTAS POPULARES

Se dice que hay más de 140 fiestas diferentes al
año en Barcelona. A continuación enumeramos
las principales:

5, 6 de enero: Epifanía *(Festa dels Reis Mags).*
La Cabalgata de los Reyes Magos que atraviesa
la ciudad inicia las fiestas del año.

17 de enero: *Festa dels tres tombs.*

Febrero/marzo, una semana antes de
Cuaresma: *Carnaval.* Con festejos y cabalgatas
de disfraces. Los mejores (o desde luego los más
desenfrenados) están en Sitges.

23 de abril: *Día de Sant Jordi.* Se celebra con
la venta de libros y rosas en puestos por toda
la ciudad, especialmente colorista en La Rambla.
Los hombres regalan una rosa a las mujeres
y ellas un libro a los hombres.

23 de junio: *Día de Sant Joan.* Ruidosos festejos
nocturnos del solsticio de verano, con fiestas
generales que culminan en grandes hogueras
y fuegos artificiales en Montjuïc y el Tibidabo.

24 de junio: *La verbena de Sant Joan.*

Junio-julio: *Festival de Grec.* Festival nacional e internacional de danza, teatro y música en varios enclaves de la ciudad, incluido el Teatre Grec en Montjuïc.

Semana del 24 de septiembre: *Festa de la Mercè.* Es la principal festividad de la ciudad, con tres o cuatro días de celebraciones por las calles, incluyendo *gegants, castellers, dracs* y unos fuegos artificiales maravillosos.

Octubre: Festival de Jazz en la Ciutat Vella.

El Carnaval de Sitges, cita obligada para travestís.

Crónica: De dragones, gigantes y castillos humanos...

No contentos con los habituales cánticos, bailes y fuegos artificiales que se asocian a una fiesta típicamente española, los catalanes han inventado sus propias formas de diversión, de lo más exuberante.

La más singular y espectacular son los *castellers*, hombres y niños que trepan unos sobre los hombros de los otros para formar unas osadas y precarias **torres humanas** que pueden llegar a alcanzar hasta siete pisos. Se pueden ver en la Festa de la Mercè y en la *festa major* de Vilafranca del Penedès (finales de agosto/principios de septiembre).

Los **dragones** catalanes se ven más frecuentemente, ya grandes especímenes hechos de madera y lona, ya criaturas más pequeñas de *papier mâché*, a las cuales no debería uno acercarse, pues no dejan de escupir fuego. Controlados por uno o dos jaraneros, corren alocadamente por las calles, parando sólo a cargar pólvora, para luego ponerse a girar como derviches. La multitud que les rodea sale corriendo, asustada y dando gritos. Es recomendable mantenerse a una distancia prudencial, protegerse los ojos y vigilar a los niños pequeños especialmente. Como contraste están los amables *gegants* en las cabalgatas de las *festas majors* locales y en la Festa de la Mercè de Barcelona. Éstos también son

creaciones de *papier mâchè* —basados en antiguos monarcas o señores— que llegan a medir 4,5 m, controlados por operadores que ven a través de agujeros en las faldas de las figuras. A menudo les acompañan *capgrosses* (cabezudos), caricaturas grotescas con enormes y bobaliconas sonrisas congeladas.

¡Está hecho una fiera!

En Sitges:
26 de junio: *Día de San Bartolomé.* Cuando la gente baila la *moixiganga* con *gegants i capgrosses* (gigantes y cabezudos).
Octubre: *Festival Internacional de Cine de Catalunya.*

ALOJAMIENTO

Como en cualquier otra capital europea, la oferta de alojamiento en Barcelona no es escasa, y ésta va desde hoteles de lujo, muy caros, hasta sitios sencillos donde pernoctar. Los hoteles más antiguos se concentran en Las Ramblas, y la zona del Eixample tiene una buena selección de hoteles de precio medio. La mejor zona para encontrar alojamiento barato es el viejo Barri Gòtic.

Hay *hostales* (señalados con Hs) y *hostales-residencias* (HsR), de una a tres estrellas, que ofrecen habitaciones con baño e instalaciones privadas.

Los *hoteles* (H) son de una a cinco estrellas, viniendo a costar un hotel de una estrella aproximadamente lo mismo que un *hostal* de tres; el precio sube considerablemente según aumenta el grado de lujo.

Los *paradores nacionales* están en lo más alto de la escala. Sirvan los siguientes precios como guía de lo que puede costar una habitación doble con desayuno por noche:

5 estrellas: por encima de 25.000 ptas.
4 estrellas: 15.000-25.000
3 estrellas: 12.000-20.000
2 estrellas: 8.000-12.000
1 estrella: menos de 10.000

La *Guía Roja Michelin de España y Portugal* incluye una lista de alojamientos y restaurantes en Barcelona y alrededores.

REAJ, en la calle Ortega y Gasset 71, 28006 Madrid, © 913 47 76 31 proporciona información

sobre albergues juveniles y otro tipo de
alojamiento para estudiantes y jóvenes.

Recomendamos

*Los precios indicados corresponden a la
habitación individual y a la doble.*

Ciutat Vella:

G.H. Barcino (Jaume 1-6, 08002 Barcelona,
℗ 933 02 20 12, fax 933 01 42 42; 20.000-
25.000 ptas). Antiguo edificio restaurado en el
barrio gótico.

Mercure Barcelona Rambla (La Rambla
124, 08002 Barcelona, ℗ 934 12 04 04,
fax 933 18 73 23; 10.000-16.000 ptas). Edificio
histórico en las Ramblas, totalmente renovado.
Aparcamiento espacioso.

Lleó (Pelai 22, 08001 Barcelona, ℗ 933 18 13 12,
fax 934 12 26 57; 10.000-13.500 ptas). Situado en
el centro de la ciudad, recientemente renovado.
Instalaciones modernas.

Cortés (Santa Ana 25, 08002 Barcelona,
℗ 933 17 91 12, fax 933 02 78 70; 4.600-7.400 ptas)
y, enfrente, en el n°24, **Cataluña** (℗ 933 01 91 20).
Hoteles sencillos, de confort aceptable y precios
moderados situados cerca de la plaça de la
Catalunya y de las Ramblas. si no le molesta el
ruido de los trasnochadores callejeros y de la
música, el hostal **Jardí**, (plaça San Josep Oriol,
1, 08001 Barcelona, ℗ 933 01 59 00,
fax 933 18 36 64; 4.000-6.600 ptas), frente a la
Basílica del Pí, en el corazon mismo de la Ciutat
Vella, puede ser el lugar ideal, sobre todo para
los noctambulos.

Diagonal:

Claris (Pau Claris 150, 08009 Barcelona,
℗ 934 87 62 62, fax 215 79 70; 30.000-
37.500 ptas). Instalaciones modernas junto
con antigüedades y un museo arqueológico.
El mobiliario de época es elegante y el ambiente
de gran categoría.

Condes de Barcelona (Passeig de Gràcia 75, 08008 Barcelona, ☎ 488 22 00, fax 934 87 14 42; 25.000-27.000 ptas). Edificio histórico en el «barrio rico» de la ciudad.

NH Calderón (Rambla de Catalunya 26, 08007 Barcelona, ☎ 488 22 00, fax 933 17 31 57; 19.000 ptas). Clientela de negocios. El restaurante es famoso y de lujo. Instalaciones modernas.

Gran Derby (Loreto 28, 08002 Barcelona, ☎ 933 22 20 62, fax 934 19 68 20; 19.000-21.000 ptas). Exuberante decoración vegetal. Bonitos patios interiores llenos de verdor. Habitaciones fuera de lo común. Algunas tienen dos niveles.

Regina (Bergara 2, 08002 Barcelona, ☎ 933 01 32 32, fax 933 18 23 26; 11.350-16.850 ptas). Situado en el centro. Habitaciones muy espaciosas.

Catalunya Plaza (Plaça de Catalunya 7, 08002 Barcelona, ☎ 93317 71 71, fax 933 17 78 55; 16.000-18.000 ptas). Edificio antiguo renovado. Moderadamente confortable.

Antibes (Carrer Diputació 394, ☎ 932 32 62 11; 5.800-7.500 ptas). Popular entre viajantes, recientemente renovado. Ambiente familiar. Aparcamiento espacioso.

L'Alguer (Passatge Pere Rodriguez 20, 08028 Barcelona, ☎ 933 34 60 50, fax 933 33 83 65; 6.000-8.000 ptas). Modesto y sencillo, confort aceptable. Precio en consonancia.

Y en **Sitges**

Romantic y la Renaixança, (Sant Isides 33, ☎ 938 94 83 75, fax 938 94 81 67; 7.300-11.000 ptas), ocupa tres casas modernistas situadas en las callejuelas del casco antiguo. Hace honor a su nombre. Un verdadero encanto a precios relativamente moderados.

LA COCINA CATALANA

La cocina catalana no es fácil de definir y «plato típico catalán» es un concepto aún más escurridizo, debido a la naturaleza cosmopolita de la ciudad.

Platos Principales

Coja una carta de los restaurantes más típicos y se encontrará con **carnes a la plancha** y **caza** (el gusto sencillo pero vigoroso del campo catalán),

Lo mejor del mar en su mesa.

¡Paellas hay muchas, y todas riquísimas!

platos de arroz (de los arrozales del delta del
Ebro y la influencia de Valencia) y, por supuesto,
pescado y marisco. Añada la omnipresente salsa
a base de ajo, aceite de oliva, tomates maduros,
pimientos rojos, cebollas y unas cuantas hierbas,
remueva, y todo empieza a tomar sabor.
Con frecuencia el ajo y el aceite de oliva se
combinan para hacer *all i oli*, salsa cremosa de ajo
que constituye una deliciosa guarnición para
la carne a la brasa.

También en Barcelona puede degustar
suculentas *paellas*, que mezclan la mayoría de los
ingredientes arriba mencionados (arroz, pollo,

conejo, marisco, etc) y se encuentran a menudo en la carta. Un interesante plato local de arroz y marisco es el *arròs negre*, que se cocina en tinta de calamar. La *zarzuela* es un guiso muy sabroso, a base de tomates y grandes cantidades de marisco y pescado.

La *merluza*, preparada normalmente *a la romana*, también aquí es una constante, al igual que el *bacallà* (bacalao) en sus diversas preparaciones. Un plato habitual es *bacallà amb xanfaina*, o sea, con verduras estofadas. Otra variedad interesante es la *esqueixada*, una ensalada fría que consiste en pescado mezclado con pimientos rojos, cebollas, aceitunas y tomates. No lo confunda con la especialidad de ensalada catalana que suena similar, la *escalivada* —pimientos asados, cebollas y berenjenas.

La *butifarra* es el embutido más conocido y se suele servir con *mongetes* (alubias); merece la pena probarla.

Al igual que en el resto del país, a la hora de la comida muchos establecimientos ofrecen un menú del día (a precio fijo, suele incluir tres platos). Como siempre, dependiendo de cada restaurante y de lo que haya en el menú, ésta puede ser una opción barata, aunque sosa, o bien puede ofrecer platos de mayor calidad a buen precio. En cualquier caso es una posibilidad a tener en cuenta.

Las cantidades son casi siempre generosas en los restaurantes catalanes, de modo que quizás sea mejor saltarse el entrante directamente.

Tapas

Para probar la mejor comida local no hay como tapear en Barcelona. Las tapas, expuestas en la barra, son una institución española más que una tradición catalana, pero hay muchos y buenos bares de tapas en la ciudad. Los precios son normalmente razonables, pero no suelen estar

El mostrador de Los Caracoles, toda una institución en Barcelona.

a la vista, por eso siempre es mejor preguntar primero.

El aperitivo catalán por excelencia es el *pa amb tomàquet*, elaborado sencillamente frotando ajo y rodajas de tomate maduro sobre una rebanada de pan, sobre lo que se añade un pequeño chorro de aceite de oliva. Una *torrada* es lo mismo, pero la rebanada se tuesta. En algunos bares la especialidad es la torrada, a la que añaden marisco, jamón o cualquier otra cosa que constituya un aperitivo contundente.

Hay otro tipo de locales que, sin ser exactamente bares de tapas, también muestran platos cocinados en la barra. Pedir una ración aquí equivale a un plato de restaurante, aunque la relación cantidad/precio puede que sea la mejor. Si duda, pida lo mismo que los barceloneses.

Postres y Bebidas

El postre por antonomasia es el *flam,* normalmente bueno porque es casero.

Aún mejor es la *crema catalana,* deliciosa especie de natillas, condimentadas con canela y limón y cubiertas con una costra de azúcar tostado.

Cataluña produce excelentes **vinos** espumosos y no espumosos, y es la sede de tres marcas famosas internacionalmente: **Torres,** que produce muchos vinos de mesa de la más alta calidad, y las bodegas de cava **Freixenet** y **Codorníu.** El *cava,* equivalente español del champán, es producido según el tradicional *méthode champenoise.* En la ciudad hay bares especializados en cava (dos de los mejores aparecen en la lista de abajo) se consume en grandes cantidades. No obstante, se puede probar una copa de *vino de la casa* en cualquier bar.

A veces es excelente, a veces no, pero por lo menos es local y siempre es barato. En pleno verano mucha gente bebe *tinto de verano,* vino tinto con *gaseosa,* servido muy frío.

Recomendaciones

He aquí unos cuantos bares y restaurantes (todos con precios moderados, salvo cuando se indica lo contrario) que captan el espíritu del comer y el beber en Barcelona. Sólo se dan los números de teléfono de los que aceptan reservas.

Restaurantes

Set Portes (Passeig d'Isabell II, ✆ 933 19 30 46).
Elegante recubrimiento en madera de mediados
del siglo XIX. Restaurante legendario. Caro.

Els Quatre Gats (Carrer Montsió 3 bis,
✆ 933 02 41 40). Con decoración modernista,
famoso restaurante frecuentado por Picasso,
bueno para comer o, sencillamente, para tomar
una copa (cerrado en agosto).

Los Caracoles (Carrer Escudellers 14,
✆ 933 02 31 85). Uno de los sitios más conocidos
de Barcelona, junto a La Rambla, con un interior
tradicional precioso y un humeante asador de
pollos en la parte de fuera.

La Garduña (Carrer Morera 17-19,
✆ 933 02 43 23). Encantadora madriguera de dos
plantas, con un menú del día de excelente
relación calidad/precio.

Quinze Nits (Plaça Reial 6). Un sitio ideal para
probar la cocina catalana tradicional y la nueva,
sobre todo la última. Está de moda; no se
admiten reservas; llegue temprano para evitar
hacer cola.

Agut (Carrer Gignàs 16, ✆ 933 15 17 09). De
moda entre la gente joven, cuenta con clientes
habituales; muy buena relación calidad/precio.

Can Lluís (Carrer La Cera 49, ✆ 934 41 60 81).
Comida casera, ambiente familiar. Las mesas a
veces se comparten con otros clientes. Buena
relación calidad/precio.

La Fonda (Passatge Escudellers 10, ✆ 933 01 75
15). Ambiente juvenil. Muy asequible.

LA COCINA CATALANA

Els Ocellets (Ronda de Sant Pau 55, ✆ 934 41 10 46). Ambiente muy desenfadado y juvenil; precios razonables, estilo moderno sin afectación.

Ca la María (Tallers 76 bis, ✆ 933 18 89 93). Buena cocina catalana; frecuentado por clientes habituales.

Pitarra (Avinyó 56, ✆ 933 01 16 47). Menú del día a buen precio; restaurante decorado con objetos de recuerdo del poeta Pitarra.

Bar Celta (Carrer de la Mercè 16). Uno de los mejores bares de tapas de marisco de la ciudad, con mostradores excelentes y servicio rápido.

En el Port Olímpic no pasará hambre.

Bares de cava

El Xampanyet (Carrer de Montcada 22).
Saboree tapas de marisco y cava en este
legendario bar de baldosines azules.
Cal Paixano (Carrer Reina Cristina 5; detrás de
Set Portes). Mucho bullicio, ambientazo, buenos
sandwiches y una selección de cavas a precios
increíblemente bajos.

Otros

Bar del Pi (Plaça Sant Josep Oriol). Tanto
su localización como las bebidas y las tapas hacen
de este sitio parada obligada en una noche de
copeo.
Mesó del Cafè (Carrer Llibreteria 16). Lugar
diminuto, con solera, junto a la Plaça Sant Jaume,
con mucha personalidad, café y tartas excelentes.
Boadas (Carrer Taillers 1). Sitio especializado en
todo tipo de combinados y cócteles. Ambiente
desenfadado y muchos clientes habituales.
Buenos sitios en general para comer y beber
serían: el **Port Olímpic** y **Port Vell,** para
restaurantes y bares de moda entre los jóvenes;
Carrer de la Mercè, buenos bares de tapas y bares
típicos y sencillos que sirven sidra gallega y
quesos; **Carrer de Montcada,** tranquilos y
elegantes cafés y bares con patio.

Bares de diseño

Producto de los movidos años ochenta,
el fenómeno de los bares de diseño de Barcelona
sigue dando fuerte y ha legado a la ciudad
algunos de los lugares más extraños y bonitos
de Europa donde tomarse una copa (muchos
funcionan también como clubs nocturnos).
Caracterizados por sus interiores de alta
tecnología, sus clientes vestidos a la última,
el alto precio de las copas y su música a toda
mecha (en este caso se les denomina *bars
musicals)*, estos sitios no son para los apocados ni
para los que se ciñen a un presupuesto.

No obstante, si visita usted un
único bar de diseño
en Barcelona, que sea el **Torres
de Ávila,** en el Poble Espanyol.
Éste se ha convertido en una
visita turística nocturna por
derecho propio (cerrado en
agosto). Su arquitectura basada
en el tema de la noche y el día
es asombrosa; en la barra
principal un ojo enorme
proyectado sobre una pantalla
guiña sin cesar y se refleja
en el suelo de cristal sobre el
que usted pisa. No tan
atractivos a primera vista,
aunque igualmente populares,
son los locales tecno,
transitados santuarios post-
modernos, de los cuales el
espacioso **Nick Havanna's** es el
más famoso, en Carrer Rosselló
208; También es recomendable
Network, Avinguda Diagonal
616, cuya decoración se inspira
en la película *Blade Runner.*

*Anticuarios
irresistibles.*

Menos inhibidos y mucho más
desenfadados son los extravagantes bares
temáticos, también producidos por este
movimiento. **La Fira,** Carrer Provença 171,
donde puede disfrutar de toda la diversión
de la feria sin ir a Tibidabo o a Montjuïc, es el
mejor de todos. También merece la pena pasar
por **Bosque de les Fades** *(ver p. 40)* y **Dive,**
un bar-restaurante en el complejo
Maremagnum de Port Vell que asemeja
un submarino diseñado por el mismísimo
Steven Spielberg.

COMPRAS

Lo mejor de comprar en Barcelona es que la
mayoría de las tiendas son pequeñas y con
carácter. Hay relativamente pocas galerías
comerciales y unos únicos grandes almacenes
(El Corte Inglés). Lo que es más, las últimas
tendencias y las viejas tradiciones coexisten sin
problemas: desde polvorientos anticuarios hasta lo
más vanguardista en diseño de interior.
La especialización es tradicional en Barcelona
y en la parte antigua de la ciudad hay
sorprendentes tiendas especializadas en la venta
de un solo producto, como turrón, bacalao,
plumas, puros y velas, por nombrar unos cuantos.
Si busca *antigüedades* vaya al Barrio Gótico,
en especial a los alrededores de Carrer de
la Palla. Hay un mercado todos los jueves en
Avinguda Catedral. Vaya también al Eixample,
por Carrer Dos de Maig y Carrer Consell de Cent.
En esta última, además, se encuentra el mejor
rastrillo de la ciudad, Els Encants *(abierto lunes,
miércoles, viernes y sábados).*
Las víctimas de la *moda* deberían pasarse por
el Passeig de Gràcia, la Rambla de Catalunya,
la Diagonal y la Plaça Francesc Macià; eso sí,
provistos de tarjetas de crédito. En la parte
antigua, Carrer Portaferrisa (cerca de La Rambla)
es otra calle donde comprar ropa a la última
(y barata). Continúe por aquí hasta Avinguda
Porta de l'Angel, otra calle comercial importante.
Si quiere *souvenirs* de calidad (la cerámica es
siempre una buena elección), mire en las tiendas
de cada museo. La tienda original de BCN, junto
a la oficina de turismo de Plaça de Catalunya,
reúne las colecciones de los mejores museos
y tiene a la venta otros objetos típicos de
Barcelona. El Poble Espanyol es muy práctico
también, ya que se puede comprar artesanía
(de toda España, más que simplemente local)

en un solo sitio; igualmente prácticos son los que se montan al final de La Rambla los fines de semana por la tarde-noche.

Si no puede prescindir de hacer todas sus compras en un mismo lugar, pruebe en el ecléctico **Maremagnum,** las 200 tiendas del **Barcelona Glòries** en Avinguda Diagonal o **El Corte Inglés** en la Plaça Catalunya.

La vida nocturna no acaba hasta que llega la luz del día.

ESPECTÁCULOS
Y VIDA NOCTURNA

Barcelona tiene fama por su animada vida
nocturna, en especial por sus ultramodernos
bares de diseño *(ver más arriba),* desde hace ya
más de una década. Ahora, con su resurgir como
centro turístico internacional, se han desarrollado
zonas nuevas, como el **Port Olímpic** y el **Port Vell,**
con ofertas para todos los gustos.

La ciudad come, bebe y se divierte hasta tarde;
muchos clubs no se ponen en marcha hasta las
dos de la madrugada (o más tarde) y siguen a
tope hasta mucho después de que amanezca.
La diferencia entre un bar y un club es pequeña:
estos últimos suelen permanecer abiertos hasta
más tarde y cobran más. Tenga en cuenta que,
en Barcelona, la vida nocturna más a la última no
es nada barata. El precio de una cerveza puede
alcanzar fácilmente las 1.000 pesetas y los precios
de las entradas son variables, dependiendo del
aspecto que lleve, la hora que sea, el tipo de
espectáculo ofertado (si lo hay) etc.

Por regla general, la mayoría de los turistas que
vienen por primera vez van a las zonas antes
mencionadas (también son frecuentadas por los
barceloneses). El **Poble Espanyol** es muy popular,
y no sólo por su legendario Torres de Ávila
(ver más arriba). Dos de los clubs más famosos y
de mayor solera son **Otto Zutz** (Carrer de
Lincoln) y **Bikini** (Carrer Due i Mata 105), pero
hágase en cualquier kiosco con un ejemplar de la
revista *Guía del Ocio* de Barcelona con decenas de
ideas más.

Una forma de diversión vespertina más relajada
y barata puede ser, sencillamente, pasear por las
plazas y calles principales de la zona antigua en
las noches de verano. Músicos callejeros y bandas,
con frecuencia de gran calidad, abundan en
La Rambla y zonas adyacentes, aparte de que

observar a los espectadores ya es entretenido en sí mismo. Una excursión a cualquiera de los **parques de atracciones** de Tibidabo o Montjuïc también es recomendable, tanto por las magníficas vistas como por las atracciones. Si le interesa otro tipo de emociones, visite el cine IMAX en el Port Vell *(ver p. 48)*.

Las artes escénicas tienen una buena representación en la ciudad y un **concierto de música clásica** en el **Palau de la Música Catalana** *(ver p. 35)* será un momento estelar de las vacaciones. Puede que hasta 1999 no abra el famoso **Liceu** *(ver p. 38)*, sede tradicional de la **ópera** y el **ballet,** pero hay otras alternativas. El

Siempre hay algo que ver en la Rambla.

Tañe una guitarra...

Centre d'Informació del **Palau de la Virreina,** en el centro de La Rambla, funciona como punto de información y oficina de reservas para muchas actuaciones en directo.

Hay varios locales de **jazz, rock** y **blues** (vea la *Guía del Ocio* para detalles o la otra guía de espectáculos de la ciudad, la *Agenda de Barcelona*).

El **flamenco** es una tradición meridional, pero hay un gran número de residentes andaluces en Barcelona y los *tablaos* de flamenco auténtico han venido con ellos. **El Tablao de Carmen** (Poble Espanyol) es un favorito de toda la vida, tanto para turistas como para barceloneses.

Barcelona tiene su historia dentro del **music-hall** y el **cabaret** —el local más famoso de la ciudad es **El Molino,** con revistas picantes y teatrales.

DEPORTE

En pleno verano las **piscinas** al aire libre de
Montjuïc son excelentes, mientras que el **Centre
Municipal de Tennis,** construido también para los
Juegos de 1992, tiene buenas pistas, aunque no
alquiler de equipo; se encuentra en la estación de
metro de Val d'Hebron. El mejor campo de **golf**
está junto al aeropuerto, el Club de Golf El Prat,
varias veces anfitrión del Open español. Los fines
de semana de invierno está reservado para socios;
para jugar en cualquier otro momento usted debe
pertenecer a un club oficial en su lugar de
residencia.

Deportes de exhibición

El *Barça* (**Fútbol Club Barcelona**), como notará
hasta la persona menos entusiasta del balompié,
está en la ciudad de forma omnipresente,
representado por el color blaugrana. El *Barça* es
más que un club, como dicen los barceloneses.
Es una industria (se dice que la quinta de mayor
éxito en España) con su logotipo grabado en
objetos de todo tipo, desde caramelos hasta ropa
interior (¡es un símbolo de identidad y una
auténtica obsesión!), y el club de fútbol con
mayor número de socios del mundo, más de
100.000 —¡entre ellos el Papa! Dada su enorme
popularidad, y a pesar de tener un campo con
capacidad para 120.000 espectadores, es bastante
difícil conseguir entradas para los partidos.
Solicítelas con toda la antelación que le sea
posible. Si no tiene suerte, podría intentar
ver al otro equipo de primera división de la
ciudad, el RCD Espanyol, y si no, siempre podrá
visitar el museo del *Barça*.

El *Barça* también tiene un equipo de **baloncesto**
de primera categoría, de modo que una vez más
las entradas son difíciles de conseguir. Mire en
La *Guía del Ocio,* la prensa local o pida detalles
en su hotel.

CÓMO LLEGAR

Antes de partir

En las **Oficinas Españolas de Turismo en América Latina** podrá obtener información. También puede acudir, una vez en Barcelona, a la **Direcció General de Turisme,** Passeig de Gràcia, 105, 08008 Barcelona; ✆ 932 37 90 45. O bien al **Consorci de Promoció Turística de Catalunya,** en la misma dirección, ✆ 934 15 16 17. Además, dispone de un teléfono de información turística: ✆ 901 300 600, que funciona todos los días de 10 h a 20 h.

Documentación

Los ciudadanos latinoamericanos deberán presentar un pasaporte en regla para entrar en el país. Si trae un animal de compañía deberá haber solicitado a un veterinario un certificado en el que conste que el animal lleva al día la vacunación antirrábica; además, el certificado no puede superar los 10 días de antigüedad y la última inyección tiene que haberse puesto hace más de un mes y menos de once. Tenga en cuenta que muchos hoteles y campings no aceptan animales: en caso de duda consulte la *Guía Roja Michelin de España y Portugal.*

Llegada en avión (más coche)

El **puente aéreo** es un servicio diario de vuelos a Madrid; también diariamente, salen vuelos a otras cuidades españolas. Hay vuelos a otros destinos una o dos veces por semana. Estos vuelos los realizan las compañías **Iberia** o Aviaco. El puente aéreo con Madrid funciona desde la **terminal C,** los otros vuelos domésticos desde la **terminal B.**

La **terminal internacional A** es el punto de llegada para vuelos provenientes de **América Latina.** Se trata de vuelos con una o dos escalas y, en algunos casos, deberá efectuar un cambio de vuelo en el aeropuerto de Barajas (Madrid).

El aeropuerto está situado en El Prat de Llobregat, a unos 12 km del centro de la ciudad. Para cualquier información referente al aeropuerto diríjase al ✆ 934 78 50 00. Cuando llegué, podrá trasladarse al centro con el **Aerobús** (salidas cada 15 minutos); este autobús efectúa las siguientes paradas: Plaça de Catalunya, Passeig de Grácia y Plaça Espanya. También puede llegar a la ciudad en ferrocarril: cada 25 minutos sale un tren a la estación de Barcelona-Sants.

Alquiler de coches

Las principales compañías de alquiler de coches tienen oficina en el aeropuerto de Barcelona, así como en el centro de la ciudad. Algunas compañías han fijado unas condiciones drásticas en lo relativo a la edad: a veces se exige una edad mínima de 21, 23 o incluso 25 años y un carnet de conducir de al menos un año de antigüedad. En cuanto a la edad límite (a excepción de Avis) a menudo se fija en 60 ó 65 años.

Asímismo puede alquilar una limusina con chófer en el Port Olímpic (Blai Limousine, en el Hotel Arts). También puede contratar visitas de la ciudad y excursiones por Cataluña.

Llegada en tren

Puede ir desde Madrid a Barcelona en un tren nocturno, o durante el día en el Talgo. Póngase en contacto con la RENFE para cualquier información © 934 90 02 02 para las líneas nacionales y el © 934 90 11 22 para las

internacionales. Existe la posibilidad de transportar el coche en el tren desde la estación de Madrid-Chamartín.

Llegada por carretera

Para su información le indicamos algunas distancias kilométricas: Madrid: 627 km; Bilbao: 607 km; Valencia: 301 km; Zaragoza: 307 km; Sevilla: 1.177 km.

Llegada en autocar

Los autocares le dejarán en la **Estació del Nord** o en **Sants.** Si desea información póngase en contacto con la estación de autocares de su lugar de residencia. En Barcelona podrá obtener la información necesaria en **Barcelona-Nord,** © 934 31 95 11, y en **Sants Estació,** © 934 31 95 11.

Un modo de ver la ciudad como otro cualquiera.

A a la Z

Albergues de juventud

Para poder alojarse en ellos es conveniente obtener **la tarjeta de alberguista** antes de salir de viaje; dirijase al Instituto de la Juventud (TIVE), c/ Ortega y Gasset, nº 71, 28006 Madrid, ℂ 913 47 77 00. Con la tarjeta le entregarán un mapa en el que aparecen señalados los albergues. También se puede obtener la tarjeta directamente de los albergues.

Alojamiento

En Barcelona abundan las instalaciones hoteleras de todas las categorías. La *Guía Roja Michelin de España y Portugal* le ofrece una amplia gama de direcciones que se ajustan a cualquier tipo de presupuesto. Tenga cuidado: en temporada alta puede resultar difícil encontrar una habitación a partir de las seis de la tarde, por ello es aconsejable reservar.

En la página 92 dispone de mayor información sobre posibilidades de alojamiento en Barcelona, así como algunas recomendaciones.

Para otros tipos de alojamiento consulte en esta misma sección: Albergues de juventud y Camping.

Aparcar

Asigne un presupuesto y disponga de monedas en el bolsillo, pues aparcar cuesta (en todos los sentidos): hay parquímetros, fechadores o empleados municipales, según el caso.

Puede adquirir **Targetes Horàries d'Aparcament,** con las que tendrá derecho a ventajosos descuentos en todos los aparcamientos subterráneos. Las hay para 10, 25, 50 ó 100 horas. Puede obtenerlas en la **Societat Municipal d'Aparcaments i Serveis (SMASSA),** c/ Provença 260, 3º, ℂ 934 87 03 21, o en las casetas de información de los 27 aparcamientos con que cuenta la ciudad.

Bancos

Generalmente abren de 8 h 30 a 14 h; los sábados, domingos y días festivos permanecen cerrados.

Barcelona Card

ver **Organizarse bien**

Bicicletas

Cierto número de avenidas barcelonesas cuentan con «carril bici», p. ej. la Diagonal; también encontrará diversos puntos donde aparcarlas. No obstante, el uso de este medio de transporte en la ciudad supone algo de riesgo.

Camping

No lejos de Barcelona hay algunos campings. Si desea obtener una lista antes de salir de viaje solicítela en la **Secretaría General de Turismo,** c/ Castelló 115-117, 3º, 28006 Madrid; ✆ 915 64 65 75. Esta secretaría publica cada año una guía de campings de España. También puede dirigirse a la **Federación Española de Campings,** c/ San Bernardo nº 97-99, Edificio Colopmina, 28015 Madrid; ✆ 914 48 12 34. Si ya se encuentra en Barcelona, acuda a la oficina de turismo.

Cataluña en pocas palabras

Histórica y lingüísticamente Cataluña se extiende a ambos lados de los Pirineos. La parte española es una comunidad autónoma a la que pertenecen cuatro provincias: **Barcelona, Tarragona, Lleida** (Lérida) y **Girona** (Gerona). La originalidad administrativa de esta comunidad reside en la subdivisión de estas provincias en 41 *comarques,* representadas por un consejo cuyos miembros son elegidos durante las elecciones municipales. Tras la aprobación del **Estatut** de 1979, Cataluña es gobernada por una **Generalitat,** que se compone de un parlamento encargado de legislar y de un presidente que dirige **el consell executiu** (gobierno). La Generalitat posee amplias competencias: instituciones, derecho civil, policía autónoma, cultura, ordenación territorial, urbanismo y vivienda, deportes, ocio, cultura, turismo y carreteras (a excepción de las carreteras nacionales). La política exterior, fiscal, militar y el mantenimiento del orden público son competencia del Estado español.

Cataluña posee una población de algo más de seis millones de habitantes, y su densidad es de 187/km², una de las más altas de Europa (valga como comparación la de España: 77/km²). El 70% vive en Barcelona y suburbios. La ciudad propiamente dicha cuenta con aproximadamente 1.700.000 habitantes.

Conducir en Barcelona

Puede ser una experiencia inolvidable, léase traumatizante. Atascos garantizados y un continuo sonar de claxon a nada que usted disminuya la marcha para orientarse. Si puede prescindir del coche, déjelo en el aparcamiento del hotel o en un parking vigilado.

Los transportes públicos funcionan muy bien, además encontrar donde aparcar es prácticamente imposible... y siempre pagando, generalmente con fechadores. Sin embargo, si quiere descubrir Montserrat o el Penedès el coche será poco menos que indispensable. Preste **especial atención al límite de velocidad** establecido (a no ser que se indique lo contrario) en 50 km/h en ciudad, 90 ó 100 km/h en carretera y 120 km/h por autopista. No respetarlo podría hacer que su escapada **a** Barcelona se convirtiese en una rápida escapada **de** Barcelona, tras quedár-sele el presupuesto considerablemente menguado. *Ver también:* **Aparcar.**

Consulados (y embajadas)

Más vale que no tenga que recurrir a ellos... pero, por si acaso, más vale saber dónde se encuentran:
Chile: Gran Via de les Corts Catalanes 591; ✆ 933 18 85 86.
México: Av. Diagonal 626, 4° ✆ 932 01 18 22.
EE. UU.: Paseo de la Reina Elisenda 23; ✆ 932 80 22 27.

Correos

En catalán: **correus.** Las oficinas abren generalmente de 8 h 30 a 14 h, excepto sábados y el último día del mes, en que cierran a las 12 h. La oficina principal de

Barcelona está situada en la esquina de Via Laietana con la Plaça d'Antóni López, que da al Port Vell. Ésta abre sin interrupción de 8 h 30 a 21 h, de lunes a sábado. Puede hacer que le envíen su correspondencia a la lista de correos de esta oficina (**llista de correus**); en el sobre deben figurar su nombre, subrayado, y su apellido, y para retirarlos recuerde que debe presentar algún documento de identidad. Puede comprar sellos (**segelles**) en las oficinas de correos y en los estancos (**estancs**), pero la mayoría de los vendedores de postales también tienen... algunos incluso venden sobres.

Corriente eléctrica

La corriente es de 220V, como en casi todas partes de Europa. Tenga en cuenta que necesitará un transformador si tiene algún aparato que funcione a 110V. Además, las características de los enchufes pueden variar de la norma establecida en Latinoamérica, por lo que pudiera darse que necesitara un adaptador.

Días festivos

1 y 6 de enero (**Reis Mags**); viernes y lunes de Pascua; 1 de mayo (**Festa del treball**); lunes de Pentecostés; 24 de junio (**Sant Joan**); 15 de agosto (**Assumpció**); 11 (**Diada de**

Fuente del Parc Güell.

Catalunya) y 24 de septiembre
(**Festa de la Mercè**); 12 de octubre
(**Festa de l'Hispanitat**); 1 de
noviembre (**Tots Sants**); 6 (**Dia de
la Constitució**), 8 (**Inmaculada
Concepció**), 25 y 26 de diciembre.

Discapacitados

La *Guía Roja Michelin de España y
Portugal* le indica cuáles son los
hoteles y restaurantes que ofrecen
facilidades a las personas
discapacitadas físicamente.

Farmacias

En catalán: **Farmàcies.** Una cruz
verde indica dónde se encuentra
una; abren de lunes a sábado de
9 h 30 a 14 h, y de 16 h 30 a 20 h.
De estar cerrada, verá un cartel en
la puerta dónde se indica la
dirección de las farmacias de
guardia y los datos del médico de
servicio. El lector no español debe
tener en cuenta que en las farmacias
también se despachan algunos
medicamentos que en otras partes
sólo se obtienen con receta médica.

Horarios de atención al público

La mayoría de los establecimientos abren entre semana de 9 h a 13 h 30 o a 14 h por las mañanas, y de 16 h a 20 h por la tarde (en verano a veces incluso hasta más tarde). No siguen esta norma los bancos u organismos oficiales: sólo abren por la mañana. Ningún museo abre antes de las 10 h.

Ver también: **Bancos, Correos, Farmacias, Bares y Restaurantes**.

Idioma

El Estatuto de Autonomía de 1979 institucionalizó el bilingüismo oficial, catalán y castellano. En realidad, la mayor parte de los carteles públicos están escritos exclusivamente en catalán.

No obstante, el uso del castellano está generalizado, y podrá hablarlo sin problema. Los catalanes viven la cuestión lingüística de modo especialmente sensible.

La existencia y el reconocimiento del catalán, fundamento de Cataluña como nación, ha sido una dura lucha. Tenga en cuenta que con sólo pronunciar unas cuantas palabras en catalán tendrá como recompensa sonrisas de agradecimiento *(ver* **Vocabulario Esencial** *más adelante).*

Hija del latín, como el castellano, no presenta grandes dificultades en su lectura, si tiene en cuenta unas cuantas reglas: el grupo «ny» corresponde a la eñe castellana; la «ll» se pronuncia como en castellano, a no ser que estén separadas por un punto (como en *paral·lel); la jota no existe: jota y «ge» delante de «e» e «i» se pronuncian de modo parecido a la «ll» argentina; la «x» corresponde a la «che» castellana, y se pronuncia exactamente igual: *xocolata, xurros...*

Libros

Una buena novela es el instrumento ideal para entrar en ambiente, en el ambiente de una ciudad que nos disponemos a descubrir.. o bien para avivar su recuerdo, terminada ya nuestra estancia. Barcelona ha sabido inspirar a escritores no sólo españoles, sino también extranjeros; citaremos al británico **George Orwell** *(Homenaje a Catalunya,* Destino) o al francés **Claude Simon** *(El Palace,* Versal), premio Nobel de literatura. Estos dos autores han recreado la Barcelona revolucionaria de la Guerra Civil. Pero sobre todo, como no, a autores barceloneses; entre los que escriben en castellano citaremos a **Víctor Mora** *(La lluvia muerta)* y a **Luis Goytisolo** *(Las Afueras,* Seix Barral). Estos dos autores evocan una ciudad plomiza, una Barcelona de posguerra.

La Sala de las Cien Columnas, espectacular entrada a lo que debía haber sido un mercado.

Más próxima a nuestros días es la obra de **Juan Marsé** (*Si te dicen que caí*, Seix Barral, 1979). Un agradable compañero de viaje a través de la Barcelona actual es Pepe Carvalho, un detective escéptico ante todo menos ante la buena cocina; creación de **Manuel Vázquez Montalbán,** quien a través de sus páginas le proporcionará direcciones estupendas y recetas que le harán la boca agua. Del mismo autor dispone de obras menos lúdicas, pero que también tienen a Barcelona como escenario (*El pianista*, Seix Barral). Por lo que se refiere a la Barcelona arrolladora, corrupta y violenta de la Exposición Universal y de la revolución industrial, ninguna representación mejor que la ofrecida en las obras maestras de **Eduardo Mendoza:** *La ciudad de los prodigios* y *La verdad sobre el caso Savolta*, Seix Barral.

Mapas y guías

El mapa de Michelin nº 443, escala 1:400.000, corresponde a Barcelona y su región. Pero también le servirá el mapa Michelin nº 990 de España y Portugal, escala 1:1.000.000, o el mapa de carreteras de España y Portugal, escala 1:400.000. Un elemento indispensable: el mapa de Barcelona, nº 40 y 41, a escala 1:12.000 (el último con callejero). Para la buena elección de un hotel o restaurante consulte

Podemos leer estas palabras sobre el Monument a Colom.

la Guía Roja Michelin de España y Portugal, y para una visita más detallada de las localidades y curiosidades de la región las **Guías Verdes Michelin de España** o, más en concreto, de **Cataluña.**

Moneda y formas de pago

La moneda española es la peseta (en catalán: **pesseta,** plural: **pessetes),** que se abrevia en pts. Existen billetes de 1.000, 2.000, 5.000 y 10.000 pts. y monedas de 1, 5, 10, 25, 50, 100, 200 y 500 pts. Las agencias de alquiler de coches, las tiendas, los restaurantes, los hoteles y las estaciones de servicio de las autovías aceptan por lo general tarjetas de crédito, «cheques viajero» y eurocheques. En lo que respecta a hoteles y restaurantes, la *Guía Roja Michelin de España y Portugal* indica los que aceptan el pago mediante **tarjeta de crédito.**

Por lo general evite llevar encima grandes cantidades de dinero en metálico y recuerde que los «cheques viajero» se aceptan y cambian en todas partes (anote los números, en caso de que los perdiera el organismo emisor se los pedirá). Además, numerosos cajeros automáticos le permitirán sacar directamente dinero español con la tarjeta de crédito. En cuanto a las oficinas de cambio, son numerosas, y sus tipos a menudo variables. Frente a éstas le recomendamos los bancos, pues en general ofrecen un tipo de cambio más ventajoso que el que practican las oficinas **(canvi).**

Niños

Ir con niños a Barcelona no es ningún problema: ¡encontrarán atracciones por todas partes! Hay dos parques de atracciones: en Montjuïc (**Parc d'atraccions de Montjuïc,** Avda. Miramar) y en el Tibidabo (**Parc d'atraccions del Tibidabo,** Plaça Tibidabo 3-4); aquí podrá olvidarse sin remordimientos de los museos. Las atracciones empiezan ya antes de entrar en el parque: ¡para llegar a cualquiera de ellos se puede coger un funicular!

Los futuros sabios quedarán encantados con las propuestas interactivas y el planetario del **Museu de la Ciència** (Teodor Roviralta, 55). El **parc zoològic** del Parc de la Ciutadella entusiasmará a los amantes de los gorilas. Los que prefieran los peces no pueden perderse el increíble **Aquàrium** de Port Vell. Y para los que se chiflan por las sensaciones fuertes la visita al cine tridimensional de la **IMAX** es un deber. Y si, con todo, aún no quedan satisfechos, ¿por qué no visitar **Port Aventura?** Se trata de un parque temático cerca de Salou, al sur de Tarragona; eso sí, tendrá que hacerse 113 km para llegar allí.

Objetos perdidos

Si ha perdido algo por la ciudad diríjase al **Servei de Troballes** del *Ajuntament,* Carrer de la Ciutat, 9. Es la calle que bordea el ayuntamiento a partir de la Plaça Sant Jaume. Abre de lunes a viernes de 9 h a 14 h; ✆ 933 17 38 79. Si el extravío se ha producido en el metro llame al ✆ 933 18 70 74, y si ha sido en el autobús, al ✆ 933 36 61 61. Si todavía le queda algo que perder antes de volver a casa, el aeropuerto le brinda una última oportunidad; en ese caso póngase en contacto con el ✆ 932 98 33 49.

Oficinas de información turística

En el **Centre d'Informació Turisme de Barcelona,** debajo de la explanada central de la Plaça de Catalunya, podrá obtener no sólo información turística, sino también hacer reservas de hotel o comprar entradas para determinados espectáculos. Está abierto todos los días de 9 a 21 h; ℭ 933 04 31 35 (información turística), ℭ 933 04 32 32 (información hotelera). Hay otras oficinas en Sants Estació y en el Palacio de Congresos; en verano (de finales de junio a finales de septiembre) también funcionan los quioscos de información turística: en la Rambla Santa Mònica y en la plaza de la Sagrada Família.

También la Generalitat de Catalunya tiene sus propias oficinas de información turística: **Turisme de Catalunya.** La oficina central se encuentra en Gran Vía 658; abre entre semana de 9 a 19 h y los sábados de 9 a 14 h, los domingos y días festivos está cerrada. Hay otras oficinas en el aeropuerto (terminales A y B). Por último, en verano podrá obtener información de los «**chaquetas rojas**» que patrullan el Barri Gòtic, las Ramblas y el Passeig de Gràcia.

Organizarse bien

Le ofrecemos algunos trucos para que saque mayor partido a su estancia en la ciudad:

• Podrá obtener la **Barcelona Card,** con una valided de 24, 48 ó 72 horas (2.500, 3.000 y 3.500 pts. respectivamente), en los Centres d'Informació Turisme de la Plaça de Catalunya y de Sants Estació. Esta tarjeta le proporciona acceso libre a los medios de transporte público y descuentos en la entrada a museos y monumentos (también en algunos almacenes y restaurantes).

• El **Bus Turistic** (funciona de mediados de marzo a principios de enero, todos los días a partir de las 9 h; sale de la Plaça de Catalunya) hace un recorrido que le permitirá descubrir las principales atracciones que ofrece Barcelona, además de las zonas de comercio y ocio. Puede adquirir billetes de uno (1.400 pts.) o dos días (1.800) de validez. Puede cogerlo tantas veces como desee dentro del periodo de validez del billete, y desplazarse ya sea a lo largo de todo el trayecto (unas dos horas y media) o para ir de una parada a otra. El billete proporciona descuentos en algunos sitios.

• La **Ruta del Modernismo,** si le interesa el tema, le permite entrar en todos los edificios de la escuela modernista abiertos al público, de la Sagrada Família al Palau Güell, y le da acceso a visitas guiadas a determinadas horas.

Parques de atracciones

ver **Niños**.

Parques

Desde la creación del **Parc de la Ciutadella** en 1869, para la Exposición Universal, se han habilitado numerosos parques en el casco urbano de Barcelona. No lejos, tiene el **Parc de l'Estació Nord,** al lado de la —hoy en día— estación de autocares. El **Parc Joan Miró,** que también recibe el nombre de **L'Escorxador** (el Matadero), está situado cerca de Plaça d'Espanya, y es famoso por la escultura de Miró de 22 m de altura titulada **Dona i ocell** (Mujer y pájaro). No muy lejos, se creó el **Parc de l'Espanya Industrial** sobre los terrenos de una antigua fábrica; aquí podrá remar en el lago, observado por obras escultóricas de Anthony Caro o de Palazuelo.

Playas y deportes náuticos

Los Juegos Olímpicos de Barcelona permitieron a la ciudad recuperar un litoral olvidado hasta entonces. Esto ha sido posible no sólo a través de la rehabilitación del Port Vell y su atractivo complejo comercial, sino sobre todo por la de los barrios situados al Norte del centro urbano: **la Barceloneta,** el antiguo barrio de los pescadores, y, justo al lado, el complejo que va del **Port Olímpic** a Poble Nou disponen de playas artificiales de creación reciente (las playas de la Barceloneta, del Somorrostro, de la Nova Icària, de Bogatell...), donde es posible bañarse. En el Port Olímpic se ha emplazado un centro de vela.

Prensa

Entre los principales periódicos publicados en Barcelona destacaremos los siguientes:
– En castellano: **La Vanguardia** (toda una institución), **El Periódico** y las ediciones para Cataluña de **El País, El Mundo** y **ABC.**
– En catalán: **Avui.**
No tendrá ningún problema para hacerse con la prensa internacional; ésta se encuentra sobre todo en la Rambla. Todos los viernes se publica una revista de pequeño formato titulada **Guía del Ocio** que da cuenta de la programación cultural durante la semana.

Propinas

Es costumbre dejar una propina de aproximadamente el diez por ciento en los cafés & restaurantes; también se da propina a los taxistas, y a los mozos (entre 100 y 500 pts. para los últimos).

Restaurantes

En Cataluña se come quizá un poco más temprano que en el resto de España. Podrá almorzar **(esmorzar)** a partir de las 13 h 30 o las 14 h, y cenar **(sopar)** a partir de las 20 h 30 o las 21 h.
La *Guía Roja Michelín de España y Portugal* ofrece una amplia lista de restaurantes que se acoplan a cualquier tipo de bolsillo.
Por lo que respecta al beber (bebidas se dice **begudes**) podrá

refrescarse el paladar con **cervesa de barril** o **d'ampolla** (de botella). El **aigua mineral** puede ser **amb gas** (con gas) o **sense gas.** Si prefiere lo natural podrá tomar un **suc de fruita** o, para los más golosos, una **orxata de xufa.** En los puestos de helados también puede pedir un **granissat** (granizado), ya sea de **taronja** o de **llimona;** también, por qué no, un **cafè.** Recuerde que le sabrá más bueno si es natural: cuando es el caso, ya se encargan los vendedores de anunciarlo con carteles.

Robos

Está claro que Barcelona no es «Chicago años 20», pero aún así conviene tomar ciertas precauciones, sobre todo por la noche, en los barrios que se extienden a ambos lados de la Rambla. En la medida de lo posible no lleve consigo grandes cantidades de dinero y utilice cinturones especiales para guardar dinero. Haga una fotocopia de sus documentos de identidad. Deje el coche en aparcamientos vigilados y evite dejar en ellos objetos de valor. Hay determinadas situaciones que deben darle mala espina: si alguien intenta ponerle un clavel en el ojal y de paso darle un repaso por los bolsillos; si alguien se le acerca con la excusa de decirle que tiene una mancha en la prenda de vestir que lleve puesta; en los semáforos en rojo

desconfíe de estas personas «tan majas» que le indican que lleva un neumático desinflado... Si a pesar de todas las precauciones le robaran algo preséntse a la policía (ya sea la municipal o la nacional) o en el consulado de su país. Hay un puesto de policía pensado especialmente para los turistas **Turisme Atenció** (La Rambla, 43); abre de 7 h a 24 h.

Sellos

Ver **Correos**.

Taxis

Son numerosos en Barcelona, y fáciles de localizar, pues siempre son amarillos y negros. Si se encuentra muy cansado y no hay una estación de metro a la vista basta alzar la mano para pararlos: la luz verde sobre el techo indica que están libres. También hay paradas de taxi delante de las estaciones y en los principales puntos turísticos. La bajada de bandera no es muy alta (en el interior del vehículo debe colgar una lista de tarifas oficiales), pero durante ciertos periodos (de noche, los fines de semana y días festivos) se aplica un suplemento; también hay suplemento de equipaje.

Teléfono

La red es gestionada por la **Telefónica,** independiente de Correos. Los locutorios están

La sorpresa está en los detalles.

equipados de cabinas individuales (pago en caja), pero hay cabinas por todas partes (funcionan con monedas o tarjeta). Las tarjetas se venden en los **estancs,** y las hay de 1.000 y 2.000 pts.

El prefijo telefónico de Barcelona es el 93. Si llama desde cualquier otra provincia española tiene que marcar esos dígitos antes del número del abonado. Si llama desde Barcelona misma no es necesario marcar el prefijo. Si llama desde Barcelona a otra provincia marque el prefijo correspondiente

a la provincia (todas las cabinas disponen de una lista).

Para **llamar desde el extranjero a Barcelona** marque el número de acceso a la línea internacional seguido del 34 (correspondiente a España), luego el de la provincia (con el 9) y por último el número del abonado con quien desea hablar.

Para **llamar desde Barcelona a Latinoamérica** marque el 07, espere el tono y marque el prefijo correspondiente al país: el 54 para Argentina, el 591 para Bolivia, el

56 para Chile, el 57 para
Colombia, el 506 para Costa Rica,
el 53 para Cuba, el 1809 para la
República Dominicana, el 503 para
El Salvador, el 593 para Ecuador,
el 502 para Guatemala, el 504 para
Honduras, el 52 para México, el
505 para Nicaragua, el 507 para
Panamá, el 595 para Paraguay, el
51 para Perú, el 1809 ó 1797 para
Puerto Rico, el 598 para Uruguay y
el 58 para Venezuela.

Televisión

Aparte de las cadenas nacionales,
también emiten las cadenas
catalanas de Antena 3, Tele 5 y
TV 3.

Transporte público

Depende del TMB **(Transports
Metropolitans de Barcelona).**

El **metro** cuenta con cinco líneas
que llegan a la mayoría de los
barrios de la ciudad y entre semana
funciona de 5 h a 23 h. Los viernes
y vísperas de festivo de 5 h a 1 h, y
el domingo de 6 h a 24 h. Tienen
una ventaja nada desdeñable si su
estancia en Barcelona se produce
durante el verano: aire
acondicionado. Los billetes se
compran en las máquinas o en
ventanilla. Valen para un viaje
(billet senzill, 135 pts.) o para diez
(targeta T1, 740 pts). Para entrar,
una vez con billete en mano (la
mano ha de ser la izquierda)
deberá introducirlo en el
dispositivo del torniquete y pasar
por el lado derecho de la máquina.

Los **autobuses** cuestan lo mismo
que el metro (la *targeta T1* vale
tanto para el metro como para el
autobús). Encontrará información
sobre el **bus turistic** bajo el
apartado *Organizarse bien.*

El **funicular** de Montjuïc sale de
la estación de metro **Paral·lel.**
Tiene tarifa propia. Una vez allí
podrá coger el **Teleferico de
Montjuïc,** que sube al castillo de
Montjuïc, o el Aereo, que le dejará
en el puerto.

El **Tramvia Blau** (Tranvía Azul)
le lleva a Sant-Gervasi, al pie del
funicular del Tibidabo.

Para desplazarse a los
alrededores de Barcelona utilice
los **Ferrocarriles Catalanes.**
Obtendrá la información que
desee en el despacho de
información de las FGC, Estació
Plaça de Catalunya, © 932 05 15 15.
Para trayectos de larga distancia
tendrá que hacer uso de la
RENFE, la compañía nacional de
ferrocarriles.

Urgencias

Los principales números de
teléfono en caso de urgencia son
los siguientes:
Urgencias médicas: © 061
Urgencias dentales: © 934 15 99 22
Policía nacional: © 091 ó
932 90 33 26
Policía municipal: © 092 ó
932 91 50 92

VOCABULARIO ESENCIAL

En el restaurante.

ampolla	botella
compte (el)	cuenta (la)
got	vaso
cullera	cuchara
esmorzar	almuerzo
forquilla	tenedor
fregit	frito
ganivet	cuchillo
plat	plato
poc cuit	poco hecho
sopar	cenar
taula	mesa

Frutas y verduras/Fruitas i hortalisses

amanida	ensalada
arròs	arroz
llimona	limón
maduixots	fresas
pastanaga	zanahoria
pèsols	guisantes
taronja	naranja
tomàquet	tomate

Pescado y marisco/Peix i fruits de mer

bacallà	bacalao
llagostins	langostinos
llenguado	lenguado
rèmol	rodaballo
tonyina	atún
truita	trucha

Carne y charcutería/Carn i embotits

botifarra	salchicha
cargols	caracoles
carn	carne
conill	conejo
pernil	jamón
pollastre	pollo
vedella	ternera

Bebidas

vi	vino
vi blanc	vino blanco
vi negre	vino tinto
vi rosat	vino rosado
aigua	agua
cervesa	cerveza

En un café

te	té
sucre	azúcar
orxata (de xufa)	horchata de chufa
xocolata	chocolate
suc	zumo
llet	leche
infusió	infusión
granissat	granizado
suc de fruita	zumo de fruta
cafè sol	café solo
cafè amb llet	café con leche
torrada	tostada
xurros	churros

En el hotel

equipatge	equipaje
habitació	habitación
pagar en efectiu	pagar en efectivo
targeta de crèdit	tarjeta de crédito
clau	llave
xec (de viatge)	cheque (de viaje)

Por la ciudad

carrer	calle
tallat	cerrado (calle)
tancat	cerrado

El metro funciona de maravilla; tiene aire acondicionado, un detalle que no hay que pasar por alto.

ÍNDICE